Sabine Burger, Alexander Schwarz

CITY|TRIP

RE… K

Nicht verp…

2 871±2 Besiedlungsausstellung [B4]
Bis auf vier Jahre genau lässt sich anhand von Lavaschichten das Jahr der Besiedlung Reykjavíks festlegen. Die interaktive und mit technischen Tricks ausgestattete Ausstellung in der Innenstadt über die Funde der ersten Besiedlung ist das ganze Jahr über zu besuchen (s. S. 12).

11 Flohmarkt Kolaportið [C3]
Am Wochenende stöbern Einheimische und Touristen durch den bunten Flohmarkt im Zollamt beim Hafen, um Schnäppchen zu finden oder sich mit landestypischen Lebensmitteln wie getrocknetem Fisch zu versorgen (s. S. 19).

14 Hallgrímskirkja [D5]
Die Plattform des 74,5 m hohen Turms der markant gestalteten Kirche bietet einen grandiosen Blick über die gesamte Stadt (s. S. 21).

16 Nationalmuseum [B5]
2000 Objekte und etwa 1000 Fotos bringen dem Besucher die Entstehungsgeschichte der isländischen Nation von der Wikingerzeit bis heute nahe (s. S. 23).

19 Perlan [E8]
Die Aussichtsplattform auf den Heißwasserspeichern der Stadt bietet einen einmaligen Blick über Reykjavík und die angrenzenden Gemeinden (s. S. 25).

20 Freiluftmuseum Árbæjarsafn [S11]
Leben wie in alten Zeiten. Das Freiluftmuseum ermöglicht den Besuchern auf dem Gelände eines ehemaligen Bauernhofs einen Blick in das Leben des 19. und frühen 20. Jahrhunderts, da die alten Gebäude sorgfältig renoviert und ihrem alten Zweck entsprechend wiederhergerichtet wurden (s. S. 26).

22 Þingvellir
Der Nationalpark, der auf der Liste des UNESCO-Welterbes steht, war bereits im 10. Jh. Versammlungsstätte und ist seither mit wesentlichen Ereignissen der isländischen Geschichte verknüpft (s. S. 28).

23 Großer Geysir und Strokkur
Die berühmten Springquellen sind Teil eines aktiven Geothermalfelds, das außerdem brodelnde Schlammlöcher und heiße Quellen umfasst. Der Strokkur bricht zuverlässig alle 5 bis 10 Minuten aus (s. S. 31).

Leichte Orientierung mit dem cleveren Nummernsystem

Die Sehenswürdigkeiten sind im Text und im Kartenmaterial mit derselben **magentafarbenen ovalen Nummer** 1 markiert. Alle anderen Lokalitäten wie Geschäfte, Restaurants usw. tragen ein **Symbol und eine fortlaufende rote Nummer** (1). Die Liste aller Orte befindet sich auf S. 140, die Zeichenerklärung auf Seite S. 143.

CITY|TRIP REYKJAVÍK

Inhalt

◁ *Gut besuchte Veranstaltung in der Konzerthalle Harpa* ❿ *(090rj Abb.: as)*

Zeichenerklärung

★★★ nicht verpassen
★★ besonders sehenswert
★ wichtig für speziell interessierte Besucher

[A1] Planquadrat im Kartenmaterial. Orte ohne diese Angabe liegen außerhalb unserer Karten. Ihre Lage kann aber wie von allen Ortsmarken mithilfe der begleitenden Web-App angezeigt werden (s. S. 143).

Vorwahlen

- **Vorwahl Island:** 00354
- **Telefonauskunft:** 118, für ausländische Nummern Tel. 1811
- **Vorwahlen von Island ins Ausland:** Deutschland 0049, Österreich 0043, Schweiz 0041

Es wird überall in der Innenstadt gebaut, renoviert, saniert, gestrichen und asphaltiert, denn dort, wo neue Hotels, Pensionen und Apartments entstehen, wird auch gleich das dazugehörige Umfeld verschönert. Reykjavíks Zentrum ist dadurch größer geworden, denn jetzt kommt man auch in Ecken, die vorher nicht wirklich interessant waren. Besonders profitiert hat davon die Hverfisgata, die parallel zu Laugavegur verläuft und eigentlich außer einem Kino und einem indischen Restaurant wenig Spannendes zu bieten hatte. Doch seit die Renovierungs- und Sanierungsarbeiten hier abgeschlossen sind, wird das Gebiet mit jedem Monat lebendiger, da sich beliebte Restaurants und Kneipen wie Kaffi Vínyl (s. S. 55) oder Mikkeller & Friends (s. S. 60) und zahlreiche neue Geschäfte hier niederlassen.

Das neue alte Kulturhaus

Das Kulturhaus hat endlich wieder seine Türen geöffnet und führt die Besucher anhand spannender und markanter Kunstwerke durch die Kulturgeschichte des Landes (s. S. 20).

Nur für Heißblütige

Der absolute Wellnesstrend in den letzten Jahren ist das Baden im Meer, nicht nur im Sommer, sondern vor allem auch im Winter. Die tapferen Schwimmerinnen und Schwimmer trotzen mit Neopren-(Hand-)schuhen und Wollmütze der Kälte im Strandbad Nauthólsvík (s. S. 116). Man kann ja auch für kurze Zeit ins Meerwasser und sich dann ausgiebig im Hotpot aufwärmen.

106rj Abb.: as

REYKJAVÍK ENTDECKEN

Reykjavík an einem verlängerten Wochenende

Drei volle Tage sollten es für einen Reykjavíkbesuch schon sein, denn dann hat man genügend Zeit für eine längere Tour in die raue Natur aus Lavafeldern, Geysiren und Wasserfällen – zusätzlich zu diversen Museumsbesuchen, Shoppingtrips und Ausflügen ins Reykjavíker Nachtleben.

Anreisetag

Wer die **Blaue Lagune** 28 in der Nähe des Flughafens besuchen möchte, kann die Fahrt nach Reykjavík mit einem Besuch dieses luxuriösen Schwimmbades verbinden. Wer schon am Flughafen ein eigenes Fahrzeug gemietet hat, hat alternativ die Möglichkeit, auf der Fahrt nach Reykjavík entlang der Lavafelder und der zerklüfteten Küstenlinie einen Abstecher zum **Leuchtturm Reykjanes** 29 zu machen (teilweise unbefestigte Schotterstrecke). Die schwarze Lava, der zischende Wind, die tosende See, die ungemein kraftvoll auf die Lavaklippen bricht, und die Aussicht auf die Felsen Karl und Eldey sind wahrlich beeindruckend.

Neben dem Leuchtturm ist das **Hochtemperaturgebiet Gunnuhver** (s. S. 36) einen Abstecher wert. Es gehört zum Reykjanes-Vulkansystem und ist eine der heißesten Stellen Südwestislands. Dank der Holzwege und Plattformen kann man bequem und sicher die zischenden und brodelnden Dampf- und Schlammlöcher sowie die abgelagerten Mineralien bewundern.

◁ Vorseite: Lebendiges Farbenspiel: je nach Blickwinkel und Witterung erzeugt die Glasfassade von Harpa 10 überraschende Effekte

1. Tag: Kultur

Tagsüber bietet sich der auf S. 10 beschriebene **Stadtspaziergang** an, der an den bedeutendsten Sehenswürdigkeiten der Stadt vorbeiführt.

Abends

Die Innenstadt bietet viele sehr gute Restaurants (s. S. 51). Freitag und Samstag sind die Tage, an denen das **Nachtleben** auf vollen Touren läuft. In vielen Klubs, Bars und Discos hört man Livemusik, vor den Veranstaltungsorten stehen Warteschlangen und durch die ganze Innenstadt ziehen Gruppen junger Leute.

Etwas ruhiger und romantischer ist ein **Spaziergang am Meer** entlang. Dazu eignet sich beispielsweise der Rad- und Fußgängerweg im Südwesten und Süden der Stadt. Der Weg im Norden vom Hafen auf der Sæbraut zum **Sólfar** 13, der Skulptur eines stilisierten Schiffes aus Stahl, ist ebenfalls beliebt.

Von Mitte Oktober bis Mitte April werden abends von verschiedenen Anbietern **Nordlichttouren** angeboten. Zwar ist nicht garantiert, dass man das Nordlicht sieht, doch sind die Chancen außerhalb der Stadt und ohne störendes Kunstlicht weitaus besser.

2. Tag: Raus aus der Stadt

Ist man das erste Mal auf Island, sollte man sich auf jeden Fall einen ganzen Tag reservieren, um die erste Thingstätte Europas, **Þingvellir** 22, **wasserspeiende Geysire** sowie rauchende und streng riechende Schlammlöcher im geothermisch aktiven Gebiet **Haukadalur** 23 und den gewaltigen Wasserfall **Gullfoss** (24) zu besuchen.

Diese Naturwunder befinden sich allesamt nicht weit von Reykjavík entfernt und gehören zu den **absoluten Höhepunkten eines Islandbesuchs**, weshalb die Tour auch **„Golden Circle“** („Goldener Kreis“, s.S. 27) genannt wird.

Entweder bucht man eine Golden-Circle-Tour bei einem **Anbieter** (s.S. 38) – dann braucht man sich um nichts zu kümmern, ist aber auf eine bestimmte Route und Zeitvorgabe festgelegt – oder man **mietet ein Auto** (s.S. 104) und erkundet die Umgebung selbst.

Wer selber aktiv sein und dabei die einzigartige isländische Natur erleben möchte, ist in Reykjavík und Umgebung genau richtig. Verschiedene Anbieter offerieren zahllose spannende Outdooraktivitäten: Gletscherwanderung, Reiten, Tauchen, Hochseeangeln, Walbeobachtung ... (s.S. 37).

3. Tag: Shopping und Genuss

Es ist ratsam, etwas Zeit für einen Einkaufsbummel einzuplanen, denn glücklicherweise gibt es in Reykjavík ein **großes und einzigartiges Angebot lokaler Designer und Künstler.** Also die Schuhe geschnürt und auf der **Laugavegur** [D4] hinunterflaniert! Von dort sollte man einen Abstecher in die Skólasvörðustígur [D4/5] machen, die hoch zur Hallgrímskirkja (14) führt, und diese auf der anderen Straßenseite wieder hinunterlaufen. Zurück auf der Laugavegur geht der Bummel weiter über die Bankastræti, die Austurstræti [C4] bis hinunter zur Aðalstræti (1). Souvenirs findet man inzwischen an allen Ecken und Enden der Innenstadt zur Genüge. Im Zentrum gibt es viel Interessantes: von isländischer Outdoorkleidung (z.B. Cintamani, Iceware, Zo-on und 66° North) über traditionelle Wollkleidung, isländische Designermode (z.B. Kraum, Steinunn) und Schmuck (etwa Gullkúnst Helgu, Aurum, Orr) bis zu netten Buchhandlungen (z.B. Eymundsson) und gut sortierten Plattenläden (z. B. 12 Tónar).

Bewegungshungrige können den Tag alternativ mit dem Besuch eines der zahlreichen **Schwimmbäder** (s.S. 116) beginnen. Wer nicht so gerne schwimmt, setzt sich einfach in eines der heißen Becken, „heißer Topf“ genannt, und entspannt.

Nachmittags kann man sich in einem der Museen an Kunst und Geschichte erfreuen, z. B. im Nationalmuseum Islands (16), im Johannes-Kjarval-Museum (s.S. 45) oder im Saga Museum (s.S. 47). Alternativ setzt man sich einfach eine Weile in ein **Café**, beobachtet die Leute und verabschiedet sich auf diese Weise

008rj Abb.: as

Das Regierungshaus (9) *an der zentralen Lækjargata*

EXTRATIPP

Reykjavik aus der Luft

Die Fluggesellschaft Atlantsflug bietet vom Flughafen in Reykjavík aus **Rundflüge über der Stadt** und über das Reykjanes-Gebiet („Reykjavik Moon Safari") an. Zu sehen bekommt man das Stadtgebiet, Vulkankrater, die Blaue Lagune 28 und verschiedene Geothermalfelder. Der Flug dauert ca. 45 Min. und kostet 32.500 ISK (16.250 ISK für Kinder von 2 bis 12 Jahren). Eine Buchung ist auch über das Internet möglich.

› **Atlantsflug**, Reykjavík Airport, Tel. 8544105, www.flightseeing.is

von der Metropole nahe dem Polarkreis. Im Zentrum empfiehlt sich hierfür das Café Paris (s. S. 57), insbesondere aufgrund der Möglichkeit, auf der Terrasse am Platz Austurvöllur gegenüber dem Parlamentsgebäude 3 zu sitzen. In der Perlan 19 kann man sich von der Aussichtsplattform aus an dem Blick über die Stadt weiden und anschließend einen Spaziergang durch die Grünanlagen von Öskjuhlíð unternehmen.

Ein abschließendes Dinner zum Ende des letzten Tages ist wirklich ein Muss, zum Beispiel im **Aalto Bistro** (s. S. 51), das sich im sehenswerten Nordischen Haus 15 befindet. (War man vorher im Nationalmuseum, ist der Weg zum Nordischen Haus ein Katzensprung.) Da das Restaurant nicht sehr viele Plätze bietet, sollte man unbedingt reservieren!

Routenverlauf im Stadtplan

Der hier beschriebene Spaziergang ist mit einer grünen Linie im Kartenmaterial eingezeichnet.

Stadtspaziergang

Als Startpunkt eignet sich das architektonisch hochinteressante **Konzert- und Konferenzzentrum Harpa** 10 im östlichen Hafengebiet. Von dort geht es nur ein kurzes Stück zu den Liegeplätzen der Walbeobachtungsschiffe (s. S. 41) in westliche Richtung weiter. In den kleinen blaugrünen Gebäuden am **Hafen** sind hippe Cafés, Restaurants und allerlei (Souvenir-) Läden zu entdecken.

Vom Hafen aus geht es über Ægisgata, Bárugata und über einen kleinen Weg zur Mjóstræti. Hier eignen sich historische und schmuck herausgeputzte (Holz-)Häuser als Fotomotiv. Zurück auf der **Aðalstræti** 1 passiert man das Fógetahúsið, das älteste Haus der Stadt. Nur ein kleines Stück weiter befindet sich die durch viele multimediale Anwendungen interessant und ansprechend gestaltete **871±2 Besiedlungsausstellung** 2. Weiter geht es in Richtung des Stadtsees Tjörnin, wobei man auf dem **Austurvöllurplatz** noch an dem kulturhistorisch bedeutenden **Dom** 4 und am Parlament 3 vorbeikommt. Direkt am Tjörnin stehen das 1992 eingeweihte **moderne Rathaus** 5 und daneben das **Iðnó-Theater** 6, das 1896 von der Handwerkervereinigung als Theater, Versammlungsstätte, Konzert- und Tanzsaal gebaut wurde. Im ganzen Gebäude hängen Gemälde von bekannten isländischen Künstlern. Park und **Tjörnin** werden von den Stadtbewohnern im Sommer und Winter gern besucht. Die rechte **Seeseite** entlang kann man die ursprünglich aus Norwegen importierten Holzhäuser bewundern. Am Ende des Parks sieht man schon das **Nationalmuseum** 16, ein absolutes Muss bei jedem Reykjavíkbesuch.

Vom **Nationalmuseum** ⓰ geht es Richtung Osten durch den Park und weiter zur **Njarðargata**. Die Straße führt hinauf zum **Einar Jónsson Museum** (s. S. 44) mit seinem Skulpturengarten und zur **Hallgrímskirkja** ⓮. Touristen besteigen ihren Turm, die Stadtbewohner besuchen die Kirche zu Gottesdiensten und Konzerten.

Die **Skólavörðustígur** hinunter geht es wieder Richtung Hafen. Die Straße stößt auf **Laugavegur** [D4] und **Bankastræti.** Die drei Straßen bieten **alles, was das Shoppingherz höher schlagen lässt:** interessante Geschäfte, isländisches Design, isländische Mode, Schmuck, Accessoires, aber auch eine ganze Menge Cafés und Restaurants, in denen man sich gerne eine Pause gönnt. Von der **Bankastræti** aus ist es dann nur ein Katzensprung zum **Kulturhaus** ⓬ und zurück zum Platz Lækjatorg. Hier sieht man das Zollamt, in dem samstags und sonntags der **Kolaportið-Flohmarkt** ⓫ stattfindet.

Wer nach dem Spaziergang noch Zeit und Lust auf Unternehmungen hat, dem bieten sich genug Möglichkeiten, z. B. eine Fahrt zur **Walbeobachtung** (s. S. 41), ein Abstecher auf die kleine **Insel Viðey** ㉑ oder der Besuch eines Schwimmbads oder des **Strandbads Nauthólsvík** (s. S. 116). Für einen längeren Spaziergang bieten sich der Hügel Öskjuhlíð, auf dessen Spitze der eindrucksvolle Wasserspeicher-Komplex **Perlan** ⓳ thront, oder das Gebiet **Laugardalur** ⓲ mit Botanischem Garten und Familienzoo (s. S. 114) an.

Das gibt es nur in Reykjavík

› ***Freibad im Winter:*** *Isländer lieben ihr warmes Wasser und vor allem im Winter ist ein Bad im Schwimmbecken oder „heißen Topf“ besonders wohltuend. Die Schwimmbäder der Stadt (s. S. 116) werden mit Erdwärme beheizt und fast alle haben Außenbecken, die auch im tiefsten Winter wohlig warm sind.*

› ***Verrottetes Fleisch als Delikatesse:*** *„Hákarl“, fermentierter Hai, ist eine kulinarische Besonderheit Islands und fester Bestandteil eines Þorrablót-Mahls (s. S. 74). Zu den gewöhnungsbedürftigen Speisen werden Unmengen von Brennivín (Schnaps) getrunken. Fermentierten Hai findet man aber auch das ganze Jahr hindurch bei eigenwilligen Fischern und Fischbuden.*

› ***Imagine Peace Tower:*** *Yoko Ono hat ihrer Liebe John Lennon eine Lichtinstallation gewidmet. Auf der Insel Viðey* ㉑ *vor der Stadt sind in einer Anlage die Worte „Imagine Peace“ in unterschiedlichen Sprachen eingraviert. Die Lichtinstallation erzeugt eine weithin sichtbare Lichtsäule, die von Lennons Geburtstag (9.10.) bis zu seinem Todestag (8.12.) eingeschaltet ist.*

› ***Elfenschule:*** *Magnús Skarpheðinsson widmet sich schon seit über drei Jahrzehnten der Erforschung und Sammlung von Augenzeugenberichten über Elementarwesen (Elfen, Trolle, Feen, Zwerge, Kobolde u. v. m.). Das ganze Jahr über gibt er freitagmittags Kurse über die verschiedenen Völker der Elementarwesen in Island.*

•17 *[K8]* ***Elfenschule (Álfaskólinn),*** *Síðumúli 31, Tel. 5886060, www.theelfschool.com*

Alte Innenstadt

Dies ist der für Besucher wichtigste Teil der Stadt, da sich hier interessante Sehenswürdigkeiten, die meisten Museen und die reizvollsten Geschäfte befinden. Alles liegt dicht beieinander und ist daher gut zu Fuß zu bewältigen.

1 Aðalstræti ★★ [C3]

Die Aðalstræti war **lange Zeit die einzige Straße des Ortes.** Wie anschaulich in der 871±2 Besiedlungsausstellung 2 dargestellt ist, kann man annehmen, dass die ersten Siedler Islands sich hier niederließen. Das hatte gute Gründe, denn hier gab es Wasser, fischreiche Flussläufe, Weideland, Bäume ... Die Bedingungen waren damals besser, als es uns heute erscheint. Da Reykjavík jedoch bis weit ins 18. Jh. keine bedeutende Rolle spielte, blieb der Ort sehr klein.

Das älteste Haus der Stadt ist Aðalstræti Nr. 10. Die Meinungen gehen etwas auseinander, aber es ist am wahrscheinlichsten, dass das sogenannte *Fógetahúsið* um das Jahr 1762 erbaut wurde. In den Räumen des Hauses und im Anbau werden die Produkte von Cintamani (s. S. 65) verkauft.

Verlässt man das Geschäft durch den Seitenausgang im Laden und geht nach links, dann findet man in den kleinen Straßen dahinter (im Grjótaþorp-Viertel) noch eine ganze Reihe alter, kleiner Häuser, die schön erhalten und herausgeputzt sind. Ein besonderes Merkmal vieler (Holz-) Häuser in Reykjavík ist, dass sie **durch eine Wellblechverkleidung vor Wind und Regen geschützt** werden.

Skúli Magnússon

*Heute wird Skúli Magnússon (1711–1794) als der **Vater der Stadt** bezeichnet, denn er war wesentlich daran beteiligt, dass Reykjavík sich zur Hauptstadt entwickeln konnte. Island war seit 1380 Teil des dänischen Königreichs. Als Landvogt („Fógeti") – Magnússon war der erste Isländer in diesem Amt – siedelte er verschiedene Industriebetriebe, vor allem textil- und wollverarbeitend, auf dem Gebiet der heutigen Altstadt an. (Heute steht von den Häusern aus dieser Zeit noch das Haus Aðalstræti Nr. 10.)*

Dies geschah gegen den Widerstand der Dänen, die zu diesem Zeitpunkt das Handelsmonopol für Island besaßen. Schließlich lockerten die Dänen das Handelsmonopol doch und Reykjavík erhielt spezielle Handelsrechte. 1786 bekam der zum damaligen Zeitpunkt 200 Einwohner zählende Ort das Stadtrecht unter der Bezeichnung Handelsstadt. Skúli Magnússon hatte mit seinen Maßnahmen den Grundstein für den Aufstieg der Stadt gelegt.

2 871±2 Besiedlungsausstellung (Landnámssýningin) ★★★ [B4]

Anhand von Lavaschichten lässt sich der Zeitpunkt der Besiedlung Islands auf den kurzen Zeitraum von 869 bis 873 n. Chr. einschränken, daher der Name der Ausstellung. Zu sehen sind die Grundmauern eines Langhauses und einige Funde der ersten Siedler.

In dem lang gezogenen Haus wohnten wahrscheinlich mehrere Familien und Haustiere unter einem Dach zusammen. Der Fund ist etwas Besonderes, da es in Island wenig Stein gab,

mit dem gebaut werden konnte, weshalb **archäologische Funde selten** sind. Man geht davon aus, dass sich die ersten Siedler Islands tatsächlich an dieser Stelle niedergelassen haben und dieser Ort seither bewohnt war.

Um die Mauerreste sind **interaktiv ausgestattete Tafeln, Videobildschirme und Computeranimationen** arrangiert, die das Leben der ersten Siedler eindrucksvoll erläutern. Wenn man zum Beispiel in einem bestimmten Winkel vor den Bildschirmen steht, tauchen plötzlich Figuren in den Landschaften auf, die das tägliche Leben dieser Siedler lebendig werden lassen. Zusätzliches Hintergrundwissen zur Besiedlung kann man mit Touchscreens aktivieren.

Führungen finden auf Anfrage statt, alternativ stehen **ausführliche deutsche Audioguides** gratis zur Verfügung. Im kleinen Souvenirshop kann man nette Geschenke erstehen.

› Aðalstræti 16, www.reykjavik871.is, Tel. 4116370, tgl. 9–18 Uhr, Eintritt: 1600 ISK, unter 18 Jahren frei

3 Parlamentsgebäude (Alþingishúsið) ★★ [C4]

An dem zentralen Platz Austurvöllur („Ostfeld") steht das isländische Parlamentsgebäude *(Alþingishúsið)*. 1799 hatten die Dänen das Parlament Islands aufgelöst, 1844 wurde das Parlament zunächst als beratendes Organ wieder eingesetzt und residierte in Reykjavík. 1881 konnte das Parlament die erste Sitzung in dem neuen, aus Dolerit gebauten Gebäude abhalten. Der **klassische, dänische Bau** wurde vom dänischen Architekten Ferdinand Meldahl entworfen. Auf dem Dach prunkt die Krone des damaligen Souveräns Dänemark.

Über den vier äußeren Fenstern im ersten Stock sind die **vier Schutzmächte Islands** abgebildet (s. S. 14). Das Parlamentsgebäude beherbergte auch die Nationalbibliothek, das Nationalmuseum und die Universität, bis diese in eigene Gebäude umziehen konnten. Das Büro des dänischen Generalgouverneurs und in dessen Nachfolge des isländischen Präsidenten war von 1941 bis 1973 ebenfalls hier untergebracht.

Der **Garten hinter dem Parlamentsgebäude** ist der erste öffentliche Garten Islands (1893). Er geht auf die Initiative des Parlamentariers Tryggvi Gunnarsson (1835–1917) zurück,

Die Ausstellung 871±2 konzentriert sich um die Ausgrabungsstätte eines Wikinger-Langhauses

KURZ & KNAPP

Islands vier Schutzmächte

In der Heimskringla-Sage wird beschrieben, dass Harald Blauzahn (König über Dänemark und Norwegen) Ende des 10. Jh. Island erobern wollte. Da Blauzahn vorsichtig war, schickte er einen finnischen Zauberer als Späher voraus. Dieser verwandelte sich in einen Walfisch, doch verhinderten vier Schutzmächte – ein Stier im Westen, ein Greif im Norden, ein Drache im Osten und ein Riese mit Stab im Süden –, dass der Zauberer an Land kommen konnte. Als Folge dessen sah Harald Blauzahn von einer Invasion Islands ab.

der auch sehr viel Zeit und Energie in dessen Gestaltung investierte. Da er auf dem Areal beerdigt werden wollte, wurde der Garten als Privatfriedhof eingeweiht. Tryggvi Gunnarssons Grab am Südende ist mit isländischen Blumen und Pflanzen sowie einer Büste Gunnarssons geschmückt.

Auf dem Platz Austurvöllur vor dem Parlament steht das **Denkmal des Nationalhelden Jón Sigurðsson** (1811–1879). Dieser war eine der führenden Persönlichkeiten in Islands Kampf um die Unabhängigkeit des Landes vom Königreich Dänemark. Sigurðsson erlebte zwar, dass Island begrenzt legislative Rechte erlangte, jedoch erhielt das Land keine exekutiven Vollmachten. Die vollständige Unabhängigkeit sollte Island erst 1944 erreichen. Island ehrt Jón Sigurðssons Einsatz, indem der **Nationalfeiertag an seinem Geburtstag** gefeiert wird. Das Relief „Pionier" *(Brautryðjandinn)* wurde wie die Statue selbst von dem Künstler Einar Jónsson entworfen.

› Austurvöllur, Garten ist zugänglich, Gebäude kann nicht besichtigt werden

4 Dom (Dómkirkjan) ★★ [C4]

Nachdem 1785 beschlossen worden war, den isländischen Bischofssitz von Skálholt nach Reykjavík zu verlegen, machte man sich an den Bau eines adäquaten Gotteshauses. Die Bauarbeiten mit dänischen Arbeitern begannen 1788, gingen jedoch nur sehr schleppend und mit Rückschlägen voran. 1796 schließlich konnte die Kirche eingeweiht werden.

Reykjavík hatte damals nur etwa 300 Einwohner, weshalb alle Gläubigen im doch **recht kleinen Gotteshaus** Platz fanden. Wiederholt mussten in den darauffolgenden Jahren Reparatur- und Renovierungsarbeiten durchgeführt werden, da sonst Teile des Gebäudes eingestürzt wären. Zwischen 1847 und 1848 wurde die Kirche erneut renoviert und dabei auch erweitert. 1879 waren wiederum gründliche Reparaturarbeiten nötig und die Kirche erhielt ihr heutiges Erscheinungsbild mit etwa 600 Sitzplätzen.

Die Kirche wurde **sehr schlicht und mit viel hell gestrichenem Holz gestaltet.** Das Mittelschiff ist mit goldenen Kronleuchtern ausgestattet, die beiden Seitenschiffe werden in ihrer Höhe durch eine Balustrade unterteilt, von der man ins mittlere Kirchenschiff hinunterblicken kann. Die Kassettendecke im Hauptschiff ist weiß, doch im Bereich des Altarraums sind die einzelnen Fächer mit einem leuchtenden Dunkelblau und goldenen Sternen verziert, wodurch über dem Altarraum ein Sternenhimmel zu schweben scheint.

Im Altarraum steht auch das **Taufbecken aus weißem Marmor**, auf dem Darstellungen der Taufe Christi angebracht sind. Es stammt aus dem Jahr 1839 und wurde von Bertel

088rj Abb.: as

Thorvaldsen hergestellt. Die Kanzel, deren dunkler Untergrund mit goldenen Ornamenten verziert ist, bildet den Übergang von Altarraum und Kirchenschiff. Am gegenüberliegenden Ende ist die 1840 installierte Orgel angebracht.

Die Kirche dient noch immer der Pfarrgemeinde. Doch auch Nichtmitglieder der Gemeinde kommen gerne zu einem Konzert in den Dom.

› Austurvöllur, Tel. 5209700, www.domkirkjan.is

5 Rathaus (Ráðhúsið) ★ [B4]

Die Idee, ein Rathaus zu bauen, entstand schon kurz nachdem man die Stadtrechte erhalten hatte (1786), doch erst in den 1940er-Jahren wurden konkrete Schritte unternommen, einen geeigneten Bauplatz zu finden. Mehrere Stellen um den Stadtteich Tjörnin wurden in Erwägung gezogen, doch bei einer ersten Ausschreibung konnte kein architektonischer Vorschlag überzeugen. Erst in den 1980er-Jahren wurden die Pläne wieder aufgenommen und in der zweiten Ausschreibung gewann der Vorschlag der Architekten Margret Hardardóttir und Steve Christer. 1992 konnte das Rathaus eingeweiht werden.

Das Gebäude ist auf einer Plattform in den See gebaut, wodurch eine **Verbindung von architektonischem Raum und Natur** hergestellt werden soll. Der untere Raum, in dem auch das 3-D-Modell Islands steht, ragt weit in den See hinein, wodurch ein besonderer Blick über das Wasser möglich wird. Auch die mit Moos und Flechten bedeckte Außenwand verbindet Architektur und Natur und sorgt außerdem dafür, dass der kahle, harte Beton weicher und lebendiger wirkt.

Die Form der **halbrunden Dächer** fand zu Beginn viel Kritik, da es die älteren Einwohner der Stadt an die dürftigen Barackenunterkünfte erinnerte, in denen während und nach

Vom Garten des Parlamentsgebäudes sieht man links die Rückseite des Alþingishúsið 3 und rechts den Dom 4

dem Zweiten Weltkrieg viele Familien aufgrund von Wohnraummangel leben mussten.

Im Gebäude sind verschiedene Kunstwerke zu bestaunen, z.B. im Treppenhaus (vom Haupteingang aus nach links gehen) Davíð og Golíat (David und Goliath) von Ásmundur Sveinsson und Brautryðjandinn/Gegnumstreymi (Der Pionier/Durchstrom) von Gerður Helgadóttir. Das **3-D-Modell Islands** ist immer gut besucht. Es ist allerdings, wie die meisten feststellen müssen, einigermaßen schwer zu fotografieren.

Daneben hängt an einer Wand das riesige **Textilkunstwerk Sköpunarverk I / Creation I**, das mit seinen leuchtend roten Farbtönen einen wundervollen Blickfang auf den grauen Mauern bildet. Das Werk stammt von Kristín Gunnlaugsdóttir, die 2010 mit ihren sexuell aufgeladenen Abbildungen nackter Frauen in der Kunstwelt für Furore sorgte.

› Tjarnargata 11, www.reykjavik.is, Tel. 4111111. Das Gebäude selbst ist wegen der Touristeninformation täglich von 8 bis 20 Uhr geöffnet.

6 Iðnó-Theater ★ [C4]

1896 baute die Handwerkervereinigung dieses Gebäude, das als Theater, Versammlungsstätte, Konzert- und Tanzsaal diente. Die Stadt Reykjavík kaufte 1992 das Gebäude und startete mehrjährige Renovierungsarbeiten, während derer man beschloss, so weit wie möglich den **ursprünglichen Zustand und die Originalausstattung wiederherzustellen.**

Außer einem kleinen Theatersaal befinden sich im Haus verschiedene Räume, die für Festessen und Empfänge genutzt werden. Überall im Gebäude finden sich **Holzvertäfelungen und Wandverkleidungen** aus Holz, die bei den Renovierungsarbeiten frisch gestrichen und wieder mit den Originalverzierungen bemalt wurden.

Iðnó war bis 1989 offiziell das Haupthaus des städtischen Theaters (erst dann konnte der Neubau bei Kringlan bezogen werden), obwohl man schon länger räumliche Probleme hatte und Büros, Requisiten, Kostüme und Proberäume in verschiedene weitere Gebäude auslagern musste. Noch heute finden **im Theatersaal Musik-, Tanz- oder Theatervorführungen** sowie Vorträge und Debatten statt. (Das Programm hängt neben der Eingangstür aus oder ist auf der Website des Theaters zu finden.) Bei den Holzbänken, die zur ursprünglichen Ausstattung des Zuschauerraums gehörten, verzichtete man allerdings auf Originaltreue und verwendete komfortable Stühle.

Wenn man die Gelegenheit zum Besuch einer Veranstaltung hat, kann man sich die **Gemälde vieler isländischer Künstler** wie Jóhannes Kjarval, Ásgrímur Jónsson, Jón Stefánsson und Jóhan Bríem sowie Fotos von Theatervorstellungen aus alter Zeit ansehen, die hier gezeigt werden.

Das **Restaurant** und die **Bar** direkt unter dem Dach, wo noch allerlei kuriose Antiquitäten bewundert werden können, sind für individuelle Besucher leider nicht zugänglich, sondern können nur von Gruppen ab 20 Personen reserviert werden. Das kleine Café im Erdgeschoss (im Sommer mit Terrasse Richtung Tjörnin) ist täglich von 11 bis 19 Uhr geöffnet.

› Vonarstræti 3, www.idno.is

In unmittelbarer Nähe zum Iðnó-Theater, auf der anderen Seite der Lækjargata, steht die beachtenswerte **Statue „Mutterliebe" der Künstle-**

rin Nína Sæmundsson (1892–1965): Eine nackte junge Frau, die in ihren Armen ihr kleines Kind ganz dicht an ihren Oberkörper hält. Glatte, klare Linien und weiche Formen zeichnen das Kunstwerk aus, das, von der Straße Lækjargata aus betrachtet, etwas versteckt zwischen grünen Büschen steht. Der Hintergrund aus Betonmauern hilft leider nicht gerade, die Schönheit des Kunstwerks hervorzuheben.

Nína Sæmundsson war eine Pionierin, da sie die erste professionelle Bildhauerin des Landes war. Sie ist in Island nicht sehr bekannt, denn sie verbrachte einen Großteil ihres Lebens im Ausland. Im Alter von 63 Jahren entschied sie sich jedoch, nach Island zurückzukehren. Die Skulptur „Mutterliebe" wurde bereits 1930 aufgestellt und war die erste Statue in Reykjavík, die nicht als Denkmal gedacht war. Eines der bekanntesten Werke der Künstlerin ist die Statue „Spirit of Achievement" *(Afrekshugur)* vor dem Waldorf Astoria Hotel in New York.

7 Gymnasium (Menntaskólinn í Reykjavík) ★ [C4]

Die Schule ist das älteste Gymnasium Islands, ihre Wurzeln gehen zurück auf eine Lateinschule, die 1056 am Bischofssitz Skálholt gegründet wurde. Ende des 18. Jh. wurde die Schule umgesiedelt und schließlich in dem 1846 in dänischem Stil gebauten Holzhaus untergebracht.

Das Gebäude ist schlicht und klassisch gehalten, war aber zum Zeitpunkt des Baus doch beeindruckend, weil es das **damals größte Holzhaus Islands** war. Das Holz dafür musste eigens aus Norwegen importiert werden. Die Schule hat **viele berühmte Persönlichkeiten hervorgebracht,** neben vielen anderen den Schriftsteller Halldór Laxness (der seine Schulkarriere hier jedoch nicht beendet hat), den früheren Staatspräsidenten Ólafur Ragnar Grímsson, die frühere Staatspräsidentin Vigdís Finnbogadóttir oder den früheren Ministerpräsidenten Geir Hilmar Haarde.

Das Gebäude ist auch auf dem 500-Kronen-Schein mit dem Porträt Jón Sigurðssons abgebildet. 1851 wurde in dem Schulgebäude eine Versammlung mit dem Ziel abgehalten, eine Gesetzesvorlage zu entwerfen, mit der Island eine größere Selbstbestimmung erhalten sollte. Die Versammlung wurde jedoch gegen den Protest Jón Sigurðssons und anderer Mitglieder aufgelöst. Erst weitere zwei Jahrzehnte später wurden Island einige Selbstbestimmungsrechte zugesprochen.

Auf der Rasenfläche vor der Schule steht die Skulptur „Gesicht der Sonne" (*Andlit sólar,* 1960) von Ásmundur Sveinsson. Verschiedene Schülerjahrgänge stifteten 1969 die Skulptur.

› Lækjargata 7, www.mr.is, leider nicht von innen zu besichtigen

8 Bernhöftsgruppe (Bernhöftstorfan) ★★ [C4]

Zwischen Bankastræti [C4] und Gymnasium Menntaskólinn 7 steht eine Reihe alter Häuser, die ihren Namen der Bäckerei zu verdanken hat, die sich ursprünglich im ersten Haus der Reihe befand. Die noch immer existierende **Bernhöftsbäckerei** (inzwischen Klapparstígur 3, Eingang Skúlagata) war die erste kommerzielle Bäckerei der Stadt. 1834 stellte der Kaufmann Peter Cristian Knudtson den deutschstämmigen Bäckermeister Tönnies Daniel Bernhöft ein, der die Bäckerei später übernahm.

Die **ein- oder zweistöckigen Holzhäuser aus der Mitte des 19. Jh.** präsentieren sich in gutem Zustand. Die Fensterrahmen sind farblich abgesetzt, was die Fenster und Türen noch besser zum Ausdruck kommen lässt. Die Dächer sind an etlichen Stellen durch verzierte Leisten besonders hervorgehoben.

Fast wären die Häuser in den 1970er-Jahren durch Bürogebäude ersetzt worden, doch glücklicherweise kam das Umdenken früh genug und so sind die historischen Häuser der Nachwelt erhalten geblieben. Heute sind in den Räumen eine Touristeninformation (s. S. 108) sowie die Restaurants Lækjarbrekka und Torfan untergebracht – der perfekte architektonische Rahmen für traditionelle isländische Küche.

› Lækjargata zwischen Bankastræti und Amtmannsstígur

9 Regierungshaus (Stjórnarráðshúsið) ★ [C4]

An der Ecke von Lækjargata und Bankastræti steht das sogenannte Regierungshaus, heute der **Amtssitz des Premierministers.** 1756 wurde es als Gefängnis für Kleinkriminelle gebaut, für die sich eine Überführung in Gefängnisse nach Dänemark nicht lohnte. Doch schon bald beschloss man, ein so gutes Gebäude nicht als Gefängnis zu verschwenden, und so wurde es der Sitz des dänischen Gouverneurs und nach der Unabhängigkeit Islands des Premierministers. Neben dem Gebäude stehen die **Statuen König Christians IX.**, der den Isländern ihre Verfassung präsentiert, **und Hannes Hafsteins.**

Auf dem benachbarten Arnarhóll-Hügel (Ecke Hverfisgata/Lækjargata) steht die **Statue Ingólfur Arnarsons**, der als der erste Siedler Islands gilt. Einar Jónsson schuf die Statue dieses Wikingers, der nunmehr vom Hügel aus auf die Bucht schaut, in der die Stützen seines Hochsitzes angespült wurden (s. S. 84).

☐ Im Kolaportið werden viele landestypische Spezialitäten verkauft. Fermentierten Hai darf man vorher auch kosten. Wohl bekomm's!

KURZ & KNAPP

Hannes Hafstein

1904 wurde eine erste isländische Regierung mit einem einzigen Minister eingesetzt, dem Isländer Hannes Hafstein. Die Funktion des Gouverneurs wurde abgeschafft, Hafstein vertrat im dänischen Parlament als Ministerpräsident die Belange Islands. Gleichzeitig hatte er in dieser Funktion auch zum ersten Mal nicht nur den Dänen, sondern auch dem isländischen Parlament gegenüber seine Arbeit zu verantworten. Diese Phase stellt einen wichtigen Schritt im Unabhängigkeitsstreben der isländischen Nation dar.

10 Harpa ★ [D3]

In den unterschiedlichen Glasfassaden der **Konzert- und Konferenzhalle** spiegeln sich das Licht des Himmels und das Wasser der See, wodurch das Gebäude der strahlende Blickfang im Hafenbereich ist. Das Symphonieorchester, die Oper und internationale Gäste bereichern hier das Kulturleben der Stadt.

Fast wäre die halbfertige Halle der Krise zum Opfer gefallen, da die

082rj Abb.: as

Hauptsponsoren wegfielen. Glücklicherweise entschied man sich doch noch, das Gebäude nach den Plänen eines isländisch-dänischen Architektenteams und des isländisch-dänischen Künstlers Ólafur Elíasson fertigzustellen.

Die **faszinierende Außenfassade** kann teilweise von innen beleuchtet werden, um auch an dunklen Tagen einen dramatischen Effekt zu erreichen. Auch im Innern spielt die **isländische Natur**, z.B. in Form von dunklen Steinfassaden, Texturen an den Wänden oder Strukturen, etwa von Basaltquadern, eine wichtige Rolle und kommt in der Gestaltung der einzelnen Säle zum Ausdruck. **Eldborg**, der größte Saal im Herzen des Gebäudes, erinnert mit seiner tiefroten Farbe an den Lavakern eines Vulkans. Die Harpa wurde 2013 von der EU mit dem Mies-van-der-Rohe-Preis für zeitgenössische Architektur ausgezeichnet.

Ein **Restaurant**, das auf neue nordische Küche setzt, und ein Lokal mit gehobener Küche umsorgen die Gäste. Der Epal-Laden bietet Design- und Lifestyleartikel und das Blumengeschäft sorgt mit frischen Blumen, Dekoartikeln für das Heim und Souvenirs für Farbe und Schönheit.

› Austurbakki 2, Tel. 5285050, www.harpa.is

11 Flohmarkt Kolaportið ★★★ [C3]

Der Flohmarkt am Wochenende ist eine wunderliche Mischung aus Secondhandangebot, Billigwarenwühltischen und Lebensmittelmarkt. Schon wenn man sich dem Areal nähert, sieht man die Menschen dorthin pilgern oder mit Plastiktüten voller Einkäufe die Hallen wieder verlassen.

Auf dem Kolaportið findet man alte Zeitschriften, Bücher, Briefmarken und Postkarten, Secondhandkleidung, gebrauchte und neue CDs und DVDs, Drogerieartikel und Haushaltswaren. Auch die **traditionellen Strickpullover** werden hier verkauft. Antiquitätenhändler stellen Geschirr, Besteck, Schmuck und Kleinmöbel aus. Außerdem gibt es Stände mit chinesischem Billigangebot, das von Tüchern, T-Shirts über Schmuck bis hin zu Kosmetikartikeln reicht. Die Einheimischen decken sich hier auch mit frischem, getrocknetem und tiefgefrorenem **Fisch, Gemüse, Kräutern und Tee** ein – wobei die Einkaufstüte mit Süßigkeiten nicht fehlen darf.

Im **Café** des Flohmarkts kann man eine Verschnaufpause bei der Einkaufstour einlegen und so lassen sich viele Reykjavíker Kaffee, Hotdogs, Eis oder andere Kleinigkeiten bei gelegentlicher Livemusik schmecken.

Der Flohmarkt ist untergebracht im **Erdgeschoss des Zollamts,** das mit einem **riesigen Mosaik mit Darstellungen von Hafenszenen** verziert ist. Die verantwortliche Künstlerin Gerður Helgadóttir (1928–1975) widmete sich zu Beginn ihrer Karriere der Glasmalerei und war auf diesem Gebiet von großem Einfluss in Island. Ihr Interesse galt daneben der Mosaikkunst und sie arbeitete auch mit Metall und schweren, massiven Materialien. Das Museum Gerðasafn in Kópavogur ist nach ihr benannt.

› Tryggvagata 19, Tel. 5625030, www.kolaportid.is, Sa./So. 11–17 Uhr, an Feiertagen geschlossen

12 Kulturhaus (Safnahúsið) ★★★ [D4]

Das denkmalgeschützte Gebäude dient seit seiner Errichtung der Erhaltung des isländischen Kulturerbes und der Dokumentation isländischer Geschichte.

Die Ausstellung führt anhand von exemplarischen **Kunstwerken** in verschiedenen Themenbereichen durch die gesamte **(Kultur-)Geschichte** des Landes. Spannend ist die Ausstellung unter anderem deshalb, weil die Kunstwerke nicht nach Epochen, sondern nach Themen angeordnet sind. Die Bedeutung der einzelnen Ausstellungsstücke kann man aber eigentlich nur mit den Erklärungen aus dem (englischsprachigen) Katalog wirklich erfassen. Dieser liegt zwar in jedem Raum aus, aber wenn man selbst einen erwirbt, braucht man nicht zu warten und kann so intensiv darin schmökern, wie man möchte.

Auch **mittelalterliche Handschriften** können hier bestaunt werden.

› Hverfisgata 15, Tel. 5302210, www.culturehouse.is, Di.–So. 10–17 Uhr, 2000 ISK, unter 18 Jahren frei

13 Sólfar – das Sonnenschiff ★★★ [E4]

Jogger und Spaziergänger lieben den Fuß- und Radweg, der im Norden der Stadt parallel zur Straße Sæbraut am Meer entlangführt. Auf der Höhe der Straße Frakkarstígur erhebt sich an der Promenade das von Jón Gunnar Árnason (1931–1989) gestaltete **stilisierte Schiff** aus dem Jahr 1971, das für die meisten wie ein Wikingerschiff aussieht. Der Künstler hat sich in sehr vielen Werken mit der Wirkung von Licht und Schatten, Spiegelung, matten und reflektierenden Flächen befasst.

Sólfar gehört zu den beliebtesten Fotomotiven der Stadt. Auf einer spiegelglatt polierten Marmorplatte aufgestellt (Achtung: sehr glatt bei schlechtem Wetter!) **scheint das Schiff auf dem Wasser zu schweben.** Wolken, unterschiedliche Licht- und Wetterverhältnisse sorgen für **abwechslungsreiche Fotomomente.** Insbesondere bei Sonnenauf- und Sonnenuntergang schimmert das Metall in wunderbar lebendigen Facetten.

› Am Wasser bei Sæbraut auf der Höhe von Frakkarstígur [E4]

14 Hallgrímskirkja ★★★ [D5]

Die Hallgrímskirkja, die größte Kirche des Landes, wurde 1986 nach 41-jähriger Bauzeit fertiggestellt. Der Staatsarchitekt Guðjón Samúelsson (1887–1950) erinnert mit der äußeren Struktur des Gotteshauses an die eindrucksvollen Basaltformationen, die man an vielen Orten des Landes findet.

Ein Besuch des Turms lohnt sich, denn von dort aus bietet sich ein **grandioser Ausblick über die Stadt.** Bei besonders gutem Wetter kann man sogar den 100 km entfernten Gletscher Snæfellsjökull erkennen.

Namensgeber der Kirche war **Hallgrímur Pétursson** (1614–1674), Poet und Geistlicher, der einen wesentlichen Einfluss auf das geistliche Leben Islands ausgeübt hat und dessen Passionspsalmen und Hymnen noch immer gesungen und gelesen werden.

Die Kirche dient als Gemeindekirche. Ihre 1200 Sitzplätze werden aber **auch für Konzertaufführungen genutzt**, zudem finden regelmäßig **Kunstausstellungen** in den Räumen der Kirche statt. 1992 wurde eine große Konzertorgel von Johannes Klais, Orgelbauer aus Bonn, eingeweiht. Mit ihren 5275 Orgelpfeifen, die bei Gottesdiensten und Konzerten zum Einsatz kommen, ist sie auch die größte Orgel Islands.

Die Glasarbeiten, die Kanzel und das Taufbecken sind von Leifur Breiðfjörð geschaffen, der einen großen Teil seiner Arbeiten sakralen Werken widmet. Sowohl in der Kanzel als auch im Taufbecken aus isländischem Säulenbasalt und tschechischem Bleikristall sind Zitate aus den Passionspsalmen Hallgrímur Péturssons und Bibelzitate verarbeitet.

KURZ & KNAPP

Leifur Eiríksson, der Entdecker Amerikas

Vor dem Haupteingang der Hallgrímskirkja gibt die mächtige Statue Leifur Eiríkssons ein beliebtes Fotomotiv her. Leifurs Vater hatte Grönland entdeckt und dort eine Kolonie gegründet. Um das Jahr 1000 machten sich von Grönland aus 35 Mann (unter ihnen Leifur) auf die Reise und entdeckten Amerika, das sie „Vinland" nannten. Zwar versuchten die Isländer nach der Rückkehr der Entdecker die nordamerikanische Küste dauerhaft zu besiedeln, doch aufgrund von Konflikten mit den amerikanischen Ureinwohnern musste dieses Vorhaben aufgegeben werden. Leifur kehrte nach Grönland zurück und da ihm Reichtum und Respekt beschieden waren, erhielt er den Beinamen „der Glückliche".

Die **Jesusstatue** gleich neben dem Eingang zum Kirchenschiff stammt von Einar Jónsson. Die Statue stellt Jesus nach der Taufe im Jordan dar, als der Heilige Geist auf ihn niederkommt. Als Modell für die Hände Jesu soll sich Jónsson den Gewerkschaftsführer und sozialistischen Politiker Guðmundur Jaki Guðmundsson gewählt haben, der von großer Statur war (daher der Spitzname *Jaki* = Eisscholle, womit ein Muskelmann bezeichnet wird) und wohl sehr schöne Hände gehabt haben muss. Der Künstler stiftete der Kirche das Bildnis 1948. Von Einar Jónsson stammt auch das kleine Bronzebildnis Hallgrímur Péturssons.

An der linken Seite im Kirchenschiff steht die Skulptur „Märtyrer" *(Píslarvottur)* von Sigurjón Ólafsson

(1908–1982). Die Ikonen im Chorraum sind Gemälde der Künstlerin Kristín Gunnlaugsdóttir (1963), die Darstellung der Muttergottes mit Kind stammt von Guðmundur Einarsson (1895–1963).

› Skólavörðuholt, www.hallgrimskirkja.is, Tel. 5101000, tgl. 9–17 Uhr (Mai–Sept. 9–21 Uhr), Turmbesteigung: 900 ISK, Kinder (7–14 Jahre) 100 ISK

Die Hallgrímskirkja 14 ist die größte Kirche des Landes

15 Nordisches Haus (Norræna Húsið) ★★ [B6]

Das Gebäude war ein Geschenk der anderen Nordischen Länder und dient als **nordisches Kulturzentrum.** Der Finne Alvar Aalto wurde mit dem Bau beauftragt, 1968 wurde das Nordische Haus, das an einem kleinen Teich auf dem Gelände der Universität liegt, eingeweiht.

Dem flachen weißen Bau hat Aalto eine **keilförmige, mit blauen Kacheln bekleidete Struktur** aufgesetzt, wodurch die Bibliothek mehr Tageslicht und das Auditorium mehr Raumhöhe gewinnt. Der Bau schmiegt sich in die vorhandene Landschaft ein und hat noch nichts von seiner zeitlosen Schönheit verloren. Die Innenräume sind mit viel Holz ausgestattet, das Aalto auch zur Unterteilung der Räume in kleinere Einheiten wie Sitzecken nutzt. Dies verleiht dem Gebäude eine warme Atmosphäre.

Die **Bibliothek** umfasst eine ausführliche Sammlung an Büchern, Zeitungen, Zeitschriften und DVDs der verschiedenen nordischen Sprachen. Das **Kulturzentrum** bietet Vorträge, Lesungen, Workshops, Musikveranstaltungen und Ausstellungen zu vielen verschiedenen thematischen Gebieten. Sinn und Zweck des Kulturzentrums ist die Stärkung der kulturellen Beziehungen zwischen den nordischen Ländern.

Das **Aalto Bistro** im Kulturzentrum bietet neben einem schönen Ausblick auf ein zwischen 2012 und 2014 renaturiertes kleines Vogelschutzgebiet saisongerichtete, moderne nordische Küche (s. S. 51). Da das Restaurant recht klein ist, empfiehlt sich für abends und am Wochenende eine Reservierung.

› Sturlugata 5, www.nordice.is, Tel. 5517030, tgl. 12–17 Uhr (Abendveranstaltungen). Der Zugang zu Haus, Bibliothek und Ausstellungen ist frei.

16 Nationalmuseum (Þjóðminjasafn Íslands) ★★★ [B5]

Interessant und abwechslungsreich gestaltet, erläutert die ständige Ausstellung die **Geschichte und Entwicklung Islands in den letzten 1200 Jahren** – von den Anfängen der Besiedlung bis heute – anhand von 2000 Objekten und etwa 1000 Fotos. Wechselausstellungen ergänzen das Angebot.

Die Geschichte Islands ist **in verschiedene Zeitabschnitte unterteilt** (von der Landnahme über christliche Stammesführer, das Leben unter norwegischer und dänischer Krone bis hin zur Entstehung einer eigenen isländischen Nation), für die jeweils wichtige Zeugnisse und Funde wie Grabbeigaben, Arbeitsgeräte, Kirchenausstattungen, Einrichtungsgegenstände oder Kleidung zusammengetragen wurde. Doch nicht nur die **herausragenden Exponate** wie die kleine Thor-Statue, die Schnitzkunst der Valþófsstaður-Tür, die Guðbrandur-Bibel, die geschnitzten Trinkhörner oder die in der 2. Hälfte des 19. Jh. entwickelten Trachten sind einen Besuch wert, sondern auch viele weitere Besonderheiten. Die Ausstellung ist mit vielen **Multimediaterminals** bestückt, an denen Filme, Grafiken oder Audiofragmente (englisch) mit Geschichten und Zusatzinformationen abrufbar sind, weshalb man leicht mehrere Stunden im Museum verbringen kann. Für 300 ISK erhält man einen ausführlichen **deutschen Audioguide.**

Zum Museumskomplex gehört auch das **Nationale Fotomuseum** *(Ljósmyndasafn Íslands)*, das die größte isländische Kollektion an Fotografien, Drucken, Zeichnungen und Grafiken besitzt. Aus diesem Pool werden immer wieder neue Ausstellungen zu verschiedenen Aspekten des Lebens in Island zusammengestellt.

Der **Museumsshop** bietet eine große, ansprechende Auswahl an Souvenirs, Kunsthandwerk und Büchern zur isländischen Sprache, Kunst und Kultur. Das nette **Museumscafé** bietet kleinere Gerichte und ist beliebter Treffpunkt bei den Einheimischen.

› Suðurgata 41, Tel. 5302200, www.natmus.is, 1.5.–15.9. tgl. 10–17 Uhr, 16.9.–30.4. Di.–So. 10–17 Uhr, 2000 ISK, unter 18 Jahren Eintritt frei

Außerhalb des Zentrums

Reykjavík ist in wenigen Jahrzehnten rasant gewachsen und auch außerhalb der alten zentralen Innenstadt gibt es ein paar interessante Sehenswürdigkeiten.

17 Höfði ★★ [G4]

Das 1909 gebaute, markante Höfði-Haus gehört spätestens seit den Abrüstungsverhandlungen zwischen Gorbatschow und Reagan (1986) zu den bei Ausländern bekanntesten Gebäuden der Stadt.

Die Verhandlungen in Island endeten zwar weniger erfolgreich als erhofft, doch führten die anschließenden Verhandlungen zum Abkommen zur Beseitigung von Atomwaffen, das 1987 in Washington unterzeichnet wurde.

Ursprünglich war das Höfði-Haus der **Amtssitz des französischen Konsuls**, den die Regierung Frankreichs hier zur Unterstützung französischer Fischer stationiert hatte. Zu dieser Zeit war das Gebäude **bekannt und bewundert für seine Größe.** Auch der englische Botschafter residierte hier eine Weile. Er meinte sogar einen Geist wahrzunehmen, den er die „Weiße Lady" nannte. Offensichtlich rieb diese seine Nerven dermaßen auf, dass er seiner Regierung empfahl, das Gebäude zu verkaufen.

Heute gehört das Haus der Stadt Reykjavík, die es für offizielle Empfänge und bei Besuchen von Staatsgästen nutzt. **Höfði wird gehütet und gepflegt wie ein Schatz,** daher ist es für Normalsterbliche leider nicht möglich, die Innenräume zu besichtigen. Die Außenseite kann man natürlich weiterhin bewundern, und dies lässt sich gut mit einem Spaziergang am Meer entlang kombinieren.

› Ecke Katrínartún/Borgartún

066rj Abb.: as

18 Laugardalur ★★ [L6]

Die Parkanlage Laugardalur erhielt ihren Namen von der **heißen Quelle,** die hier entspringt. Früher kamen die Frauen der Umgebung hierher, um ihre Wäsche zu waschen, was tatsächlich nicht ganz ungefährlich war. Nachdem eine Frau ins kochende Wasser gefallen war, wurden die Kanäle mit Bogengittern abgesichert. Die Wasserkanäle und ein Waschhaus mit Fotos und Erklärungen sind noch zu besichtigen.

Eine weitere Attraktion des Parks ist der **Botanische Garten.** Hier sind alle einheimischen Pflanzen zu sehen, die an den meisten Stellen mit isländischen und lateinischen Namen ausgeschildert sind. Zum Park ge-

‹ *Im Höfði-Haus wurde 1986 das Ende des Kalten Krieges eingeläutet*

› *Abendliche Sicht auf die Stadt, über der die Perlan thront*

hört ein **Zoo** mit einheimischen Erd- und Wasserbewohnern – ein beliebtes Ausflugsziel Reykjavíker Familien (s. S. 114).

19 Perlan ★ [E8]

Mit seinen 61 m über NN ist der Hügel Öskjuhlíð einer der höchsten Punkte der Stadt und eignet sich daher sehr gut, das 85 °C heiße Wasser zu speichern, das Reykjavík mit Energie versorgt. Auf die sechs Wassertanks, die jeweils bis zu vier Millionen Liter Wasser fassen können, wurde eine markante gläserne Kuppel gesetzt, „Perle" genannt, die vielseitig genutzt wird.

Auf der **Aussichtsplattform** im 4. Stock sind an sechs Stellen Teleskope installiert, aber der Blick auf Reykjavik und Umland ist auch ohne diese Hilfsmittel großartig. Metallplatten erläutern die Orte der Umgebung. Im Sommer 2017 und in einer weiteren Phase im Sommer 2018 wird hicr das Museum zu Islands Naturschönheiten entstehen. **2017** wird die **Gletscherausstellung** mit einer **Eishöhle** eröffnet. **2018** sollen dann das **Planetarium** und das **Museum of Icelandic Natural Wonders** hinzukommen.

KLEINE PAUSE

Pause im Park

1 [L6] **Flóran,** Botanischer Garten Laugardalur, Tel. 5538872, www.floran.is, Mai–Sept. tgl. 10–22, 20.11.–Weihnachten Sa./So. 11–17 Uhr, Do.–Sa. ab 19 Uhr Weihnachtsmenü (Reservierung verpflichtend). In einem umgebauten Glashaus bietet das Café Snacks, Suppen, Salate, Sandwiches, Fisch und Kuchen. Neben dem Café steht ein kleiner Teepavillon, der bevorzugt von kleineren Gruppen reserviert wird.

Für das leibliche Wohl sorgt zu Anfang ein Café von Kaffitár, später soll dann noch ein Feinschmeckerlokal hinzukommen.

Auf dem Hügel selbst, der mit über 176.000 Bäumen bepflanzt wurde, kann man spazieren gehen und im Herbst findet man hier sogar Leute, die Pilze suchen.

- Öskjuhlíð, www.perlanmuseum.is, tägl. 10–18 Uhr
- **Anfahrt:** Bus Nr. 18 Richtung Spöng, Haltestelle „Perlan", oder Buslinie 5 Richtung Nauthóll, Haltestelle „Nauthólsvegur"

041rj Abb.: as

⑳ Freiluftmuseum Árbæjarsafn ★★★ [S11]

In den Sommermonaten lohnt ein Besuch des Freiluftmuseums am Stadtrand. Auf dem Gelände eines ehemaligen Bauernhofs sind **über 40 Stadt-, Dorf- und Bauernhäuser** hauptsächlich aus dem 19. Jh. zu sehen, die aus der Stadtmitte Reykjavíks oder von anderen Orten Islands hierher gebracht wurden. Die Häuser sind stilgerecht eingerichtet.

Die **Mitarbeiter in zeitgenössischen Kostümen** erklären Handwerk, Facharbeiten und das tägliche Leben. Auch Schafe, Kühe und Hühner leben im Sommer hier.

Ein **Café** in „Dillons Haus“ (das Haus trägt den Namen des Bauherrn) aus dem Jahr 1835 sorgt für das leibliche Wohl, zwei Museumsshops bieten Süßigkeiten und Souvenirs. Zudem ist ein ausführlicher deutschsprachiger Museumsführer erhältlich.

Von September bis Mai werden **Führungen** durch das Gelände angeboten, aber die Tiere und verkleideten Mitarbeiter sind dann weg. Diese Führungen sind zwar interessant, können das **lebendige und bunte Treiben auf dem Gelände** in den Sommermonaten jedoch nicht so leicht ersetzen.

› Kistuhylur 4, www.borgarsogusafn.is, Tel. 4116300, Juni–Aug. tgl. 10–17 Uhr, Sept.–Mai nur Führungen tgl. 13 Uhr, 1600 ISK, bis 18 Jahre gratis

› **Anfahrt:** von Hlemmur Buslinie 12 (Richtung Ártún) bis Haltestelle Árbæjarsafn

㉑ Viðey ★★ [P1]

Viðey ist eine 1,6 km² große Insel vor Reykjavík mit großer historischer Bedeutung und heute für den Imagine Peace Tower Yoko Onos bekannt.

Bereits seit dem 10. Jh. besiedelt, befand sich hier vom 13. bis zum 16. Jh. ein blühendes **Augustinerkloster**, das mittelalterlicher Pilgerort war. 1539 plünderten Männer des dänischen Königs die Reichtümer des Klosters, wonach es aufgegeben wurde. 1755 ließ Skúli Magnússon **Viðeyjarstófa** als seinen Amtssitz bauen. Es war damals das erste Steinhaus Islands und gehört zu den ältesten Gebäuden des Landes. Heute beherbergt das Haus ein Café. 1774 wurde die Kirche eingeweiht, die Skúli Magnússon hatte errichten lassen – die zweitälteste noch existierende Kirche Islands –, und auf seinen Wunsch hin wurde Skúli nach seinem Tod auch hier begraben. Heutzutage bildet die Kirche häufig den romantischen Rahmen für Hochzeitsfeiern.

Zu Beginn des 20. Jh. lebten noch etwa 130 Menschen auf der Insel. Allerdings mussten die Fischer und Bauern die Insel in den 1940er- und 1950er-Jahren verlassen, da sie kein ausreichendes Einkommen mehr erwirtschaften konnten.

Viðey wird **von Familien und Spaziergängern besucht**, die die Natur genießen oder Vögel beobachten wollen, denn die Insel ist eine wichtige Brutstätte vieler Vogelarten. Fahrräder und Kinderspielzeug können beim Café ausgeliehen werden.

Auf der Insel stehen mehrere **Kunstwerke:** „Áfangar“ („Stationen“) von Richard Serra, eine Sammlung von neun Paaren von Basaltsäulen im Westteil der Insel, die sozusagen einen Rahmen für die umgebende Natur bilden und – inzwischen sicher am bekanntesten – der **Imagine Peace Tower von Yoko Ono.** Hierbei handelt es sich um eine gigantische Lichtsäule, die jeweils

077rj Abb.: as

vom 9.10. bis zum 8.12., also vom Geburts- bis zum Todestag John Lennons, in den Himmel leuchtet.

- Tel. 4116360, www.videy.com
- **Café:** Mitte Mai–Ende Sept. 10.15–18.30, sonst Sa./So. 13.15–16.30 Uhr
- **Fähre** der Gesellschaft Elding (www.elding.is): Mitte Mai–Ende Sept. stündlich von 10.15 bis 17.15 von Skarfabakki-Sundahöfn-Hafen [N3], zurück stündlich von 10.30 bis 18.30, Okt.–Mitte Mai Sa./So. 13.15, 14.15, 15.15 Uhr, zurück 14.30, 15.30, 16.30 Uhr, Erwachsene 1200 ISK, Kinder (7–15 J.) 600 ISK. Die Buslinie Nr. 16 (Richtung Ártún) fährt zur Ablegestelle.

Anschauliche Urkraft: der Geysir Strokkur (siehe 23) schießt alle paar Minuten bis zu 35 m in die Höhe

Entdeckungen außerhalb Reykjavíks

Golden Circle – der Goldene Kreis

Ist man das erste Mal auf Island, sollte man sich auf jeden Fall zumindest einen Tag die Zeit nehmen für die sogenannte Golden-Circle-Tour, bei der man mehrere der großartigsten Naturwunder Islands besuchen kann.

Die Tour führt in einem Kreis von Reykjavík auf der Straße Nr. 1 nach Norden (Richtung Akureyri). Hinter Mosfellsbær biegt man auf die Straße Nr. 36 Richtung **Þingvellir** 22, der ersten Thingstätte Europas.

Von Þingvellir aus geht es auf den Straßen 361, 365 und 37 zu wasserspeienden Geysiren sowie rauchenden und streng riechenden Schlammlöchern im **geothermisch aktiven Gebiet Haukadalur** 23, von wo aus es nur mehr ein kurzes Stück ist zum gewaltigen **Gullfoss-Wasserfall** 24. Zurück geht es von der Straße Nr. 37 auf die

Straße Nr. 35 in Richtung Selfoss. Dabei kann man sich noch den **Kratersee des Kerið** 25 ansehen. In Selfoss stößt man auf die Ringstraße Nr. 1, die wieder zurück nach Reykjavík führt. Hat man noch etwas Zeit, bietet sich anschließend ein Abstecher nach **Hveragerði** 26 an oder der Besuch der **Energiezentrale Hellisheiði** 27.

Entweder man bucht eine Golden-Circle-Tour bei einem Anbieter (s. S. 38), dann braucht man sich um nichts zu kümmern, oder man mietet ein Auto und fährt selbst. Dies hat den Vorteil, dass man sich seine Zeit selbst einteilen und eventuell an Orten, die man besonders reizvoll findet, etwas länger verweilen kann. Zudem stellen die Straßen bei gutem Wetter keine allzu großen Anforderungen an den Fahrer. Für die Tour sollte man ca. 7–8 Stunden einplanen. Im Winter kann es vorkommen, dass man aufgrund unpassierbarer Straßen umgeleitet wird. Fährt man den ganzen Zirkel ab, sollte man außerdem beachten, dass man einen Teil der Strecke im Dunkeln fahren muss.

22 Þingvellir ★★★ [s. Faltplan]

Für Isländer verkörpert kein anderer Ort besser die Geschichte ihrer Nation und die Naturgewalten Islands als der Nationalpark Þingvellir, der 2004 in die Liste des UNESCO-Welterbes aufgenommen wurde.

Kommt man von Mosfellsbær auf der Straße Nr. 36 nach Þingvellir, dann sieht man als erstes den **See Þingvallavatn.** Mit seinen fast 84 km² ist dies das größte Binnengewässer Islands. Bis zu 114 m tief ist der See, damit liegt seine tiefste Stelle 11 m unter dem Meeresspiegel. Der See wird von Quellwasser gespeist, das durch die Lava gefiltert und mit Mineralien angereichert wird, weshalb das kalte Wasser einen vielfältigen Lebensraum darstellt.

Die erste Möglichkeit zur Besichtigung des Nationalparks ist das **Informationszentrum** bei Hakið (von der Straße aus ausgeschildert), hier halten auch die verschiedenen Ausflugsbusse. Im Informationszentrum werden auf Bildschirmen informative

EXTRATIPP

Laxness-Haus

Falls man genügend Zeit hat, kann man, bevor man Þingvellir 22 erreicht, auch das ehemalige Wohnhaus und jetzige **Museum des Literaturnobelpreisträgers Halldór Laxness, Gljúfrasteinn,** besuchen. Man kann sich zunächst eine multimediale Aufarbeitung seines Lebens und Schaffens zu Gemüte führen und anschließend sein ehemaliges Wohnhaus besuchen. Schreibmaschine, Bett, jede Menge Kunstwerke an den Wänden, sein Flügel, die Souvenirs, die er von seinen vielen Reisen mitgebracht hat – alles ist noch da wie zu Lebzeiten des Nobelpreisträgers.

Hinter dem Haus befindet sich der mit geothermalem Wasser gefüllte Pool, vor dem Haus steht der Jaguar des Autors – der erste, den es auf Island gab.

M2 **Gljúfrasteinn,** Þingvallavegur Pósthólf 250, 270 Mosfellsbær, www.gljufrasteinn.is, Juni–Aug. tgl. 9–17 Uhr, sonst Di.–So. 10–16 Uhr, 900 ISK, bis 18 J. gratis. Gljúfrasteinn liegt von der Abzweigung der Straße Nr. 36 von der Ringstraße Nr. 1 etwa 4,5 km entfernt auf der rechten Straßenseite. Man erblickt das auf einer Anhöhe gelegene weiße Haus bereits von fern.

Filme und Vorträge zur Natur und Geschichte des Gebietes geboten (auch auf Deutsch). Neben dem Informationszentrum gibt es Toiletten, aber keine Möglichkeit, Speisen oder Getränke zu kaufen.

Gleich neben dem Gebäude befindet sich eine **Aussichtsplattform,** von der man das Gelände überblicken kann, das größtenteils von kleinen Birken und Heidelbeerbüschen bewachsen ist. Geht man den Fußweg hinunter zum ursprünglichen Versammlungsort, dann läuft man durch die berühmte **„Jedermanns Bruchlinie“ (Almannagjá),** die Teil eines größeren Grabens ist, der **durch die Verschiebungen der eurasischen und amerikanischen Kontinentalplatten entstanden** ist. Noch immer driften die Platten durchschnittlich 2 cm pro Jahr auseinander. Allerdings heißt das nicht, dass alle Stellen entlang der Kontinentalplatten gleichmäßig auseinandergeschoben werden. Meist passiert ein paar Jahre nichts, dann aber bauen sich durch die Verschiebungen Spannungen auf, die mit Erdbeben aufgelöst werden. Diese erzeugen schließlich weitere Risse, Bruchstellen oder Spalten.

Beim sogenannten **Gesetzesberg** *(Lögberg),* von dessen Spitze aus jedes Jahr in der Versammlung der Gesetzessprecher *(Lögsögumaður)* mündlich die Gesetze für alle Versammlungsteilnehmer rezitierte, ist eine weitere Plattform mit informativen Tafeln (engl.) zur Geschichte des *Althing* angebracht.

Unterhalb des Wasserfalls Öxaráfoss bildet der Fluss ein tiefes Becken, **„Strudel des Ertrinkens“** *(Drekkingarhylur)* genannt, in dem vom 16. bis zum 18. Jh. Frauen ertränkt wurden, die der Unzucht, Hexerei oder ähnlicher Dinge beschuldigt worden

KURZ & KNAPP

Althing

Der nordgermanische Begriff „Thing“ oder „Ding“ bezeichnet die **germanische Volks- und Gerichtsversammlung,** auf der alle rechtlichen Angelegenheiten eines Stammes behandelt wurden. Anfang des 10. Jh. beschlossen die Siedler Islands, eine allgemeine Versammlung, also ein „Althing“, einzuberufen, und die Stammeshäuptlinge entschieden, Úlfljótur nach Norwegen zu schicken, um sich mit den Rechten und Gebräuchen vertraut zu machen, die eine solche Umstrukturierung des Zusammenlebens mit sich bringt.

Für diese allgemeine Versammlung fand man einen Ort, der von den wichtigsten Siedlungsorten gut erreichbar und mit Wasser und Brennholz ausgestattet war. Heute wird die ausgesuchte Stelle Þingvellir („parlamentarische Felder“) genannt. Im Jahr 930 strömten die Menschen an diesen Ort, um die erste gemeinsame Volks- und Gerichtsversammlung abzuhalten. Damit ist das isländische *Althing,* das mittlerweile in Reykjavík seine Sitzungen abhält (siehe 3), **das älteste noch aktive Parlament der Welt.** Durch die Zugehörigkeit zum norwegischen und später dänischen Königreich wurde der Einfluss dieser Versammlung immer weiter beschränkt, doch blieb der Ort als Gerichtsstand erhalten. 1798 wurde das *Althing* in Þingvellir schließlich offiziell aufgelöst.

Der ursprüngliche Besitzer des Gebietes wurde angeblich für den Mord an einem Bediensteten mit der Verbannung und Enteignung bestraft, sodass das Gebiet in den allgemeinen isländischen Besitz überging.

In Island ist dieser Ort seit 930 mit den wichtigsten Ereignissen der Nation – wie der Ausrufung der Republik 1944 – verbunden. 1930 wurde das Þingvellir-Gebiet zum Nationalpark erklärt, um den Erhalt dieses historischen und nationalen Erbes weiteren Generationen zu garantieren.

KURZ & KNAPP

Mit Reimen für die Unabhängigkeit

Jónas Hallgrímsson (1807–1845) war der bedeutendste Dichter der isländischen Romantik, der mit seinen bewegenden und stimmungsvollen Beschreibungen der isländischen Natur eine neue poetische Sprache entwickelte, die großen Einfluss auf spätere Dichtergenerationen hatte. Während seines Studiums der Literaturwissenschaft und Zoologie in Kopenhagen kam er mit anderen isländischen Studenten in Kontakt, die sich gemeinsam für eine nationale Bewegung einsetzten und eine Jahresschrift herausgaben.

Einar Benediktsson (1864–1940), kurz Einar Ben genannt, war Verwaltungsbeamter, Gründer der ersten isländischen Tageszeitung und populärer Dichter. Nicht nur durch seine Schreibtätigkeit, sondern auch durch seine verwaltungstechnischen Ideen zeichnete er sich als Vorkämpfer der isländischen Nationalbewegung aus. Er schrieb patriotische und politische Gedichte und vertrat den Standpunkt, dass Island seine nationalen Ressourcen nutzen und viel im eigenen Land investieren müsse.

081rj Abb.: as

waren. Man steckte sie in einen Sack, der mit Steinen beschwert ins Wasser geworfen wurde.

Geht man von der Aussichtsplattform des *Lögberg* auf die andere Seite des Flusses, quert man eine kleine Brücke, von der man in das tiefe, klare Wasser des Flusses blicken kann. Leute werfen hier Münzen in das eiskalte Wasser, um einen Wunsch auszusprechen.

Auf dieser Seite befindet sich auch die Kirche und **Þingvallabær**, eine Ansammlung schöner alter Häuser, die 1930 zur 1000-Jahr-Feier des *Althing* errichtet wurden. Heute beherbergen sie die offizielle Sommerresidenz des Ministerpräsidenten und Räume für die Geistlichen der Kirche und die Parkverwaltung. Die Gebäude werden außerdem dazu genutzt, um wichtige Gäste zu empfangen. Daneben befindet sich ein Friedhof, auf dem die Dichter Jónas Hallgrímsson und Einar Benediktsson begraben sind.

Den alten Erzählungen zufolge wurde bereits 1015, also wenige Jahre nachdem das Althing die Entscheidung getroffen hatte, dass alle Isländer zum christlichen Glauben übertreten würden, eine **Kirche** in Þingvellir errichtet. Seither gab es hier ein Gotteshaus. Um 1500 wurde die Kirche an den jetzigen Standort versetzt, die heutige Kirche wurde Weihnachten 1859 eingeweiht (geöffnet Mitte Mai–Anfang Sept. 9–17 Uhr).

Wo sich die Straßen 36 und 361 kreuzen, befindet sich eine **Touristeninformation** des Parks, an die auch ein Café angeschlossen ist. Hier muss

☒ Bei Þinvellir kann man den Graben zwischen der nordamerikanischen und der eurasischen Kontinentalplatte besonders schön sehen

man sich anmelden, wenn man einen Stellplatz auf einem der vier Campingplätze im Park möchte. Der Naturpark bietet **zahlreiche Wander- und Reitwege,** Angelmöglichkeiten und in den Spalten Silfra und Davíðsgjá die spektakuläre Möglichkeit, zwischen den Kontinentalplatten zu tauchen oder zu schnorcheln (s. S. 40).

› www.thingvellir.is
› **Informationszentrum Hakið:** tgl. 9–20 Uhr, Sept.–Mai 9–18 Uhr
› **Touristeninformation:** Tel. 4822660, tägl. 9–18, Juni–Aug. 9–20 Uhr
› **Anfahrt:** Von Reykjavík Ringstraße Nr. 1 Richtung Akureyri, dann Straße Nr. 36 Richtung Þingvellir

23 Haukadalur – Geysire und heiße Quellen ★★★ [s. Faltplan]

Schon von Weitem sieht man Schwefeldämpfe über dem Gebiet Haukadalur hängen und sobald man aus dem Auto steigt, wird man vom Geruch fauler Eier empfangen. Doch niemand lässt sich deshalb das einmalige Naturschauspiel eines Ausbruchs von Geysir oder Strokkur entgehen.

Die berühmte **heiße Springquelle,** die diesem Naturphänomen den Namen verliehen hat, ist der **Große Geysir** im geologisch aktiven Gebiet Haukadalur. Der Große Geysir war bereits im 13. Jh. aktiv und wurde wahrscheinlich durch Vulkanausbrüche ausgelöst. Lange Zeit schoss die Springquelle in regelmäßigen Abständen bis zu 70 m hohe heiße Wasserfontänen in die Luft. Die Aktivität nahm jedoch im 19. Jh. stark ab und 1915 war die Springquelle erloschen. Durch eine Absenkung des Wasserspiegels konnte man die Quelle für einige Jahre wiederbeleben, bevor sie wieder erlosch. Seit einem Erdbeben im Jahr 2000 eruptiert der Große Geysir wieder, jedoch nur in unregelmäßigen Abständen und Höhen.

Dagegen bricht die zweite, nur wenige Meter entfernte Springquelle, der **Strokkur,** sehr besucherfreundlich etwa alle 5 bis 10 Minuten aus. Zuerst bildet sich eine Wasserblase in tollen Blautönen, bevor das Wasser bis zu 35 m in die Höhe schießt.

Auf dem Feld, auf dem die beiden Springquellen liegen, findet man auch noch blubbernde, brodelnde Schlammlöcher bzw. **Dampfaustrittsstellen,** sogenannte Fumarolen, an denen Schwefeldämpfe direkt aus dem Boden austreten, und heiße Quellen. Am bekanntesten ist die **Thermalquelle Blesi,** deren Wasser aufgrund von Mineralablagerungen verstärkt blaues Licht reflektiert, was der Quelle eine intensiv blaue Färbung verleiht.

Am Fuß des Berges im Westen findet man etwas oberhalb des Thermalfeldes die sogenannten **Königssteine** *(konungssteinar),* die drei dänischen Königen (Christian IX. 1874, Frederick VIII. 1907, Christian X. 1921) als Rastplatz gedient hatten, von dem aus die Majestäten einen Ausbruch des Geysirs beobachten konnten.

Die **Haukadalur-Kirche** liegt an einer kleinen Straße, die hinter dem Thermalfeld beginnt. Die Kirche gehörte einst zu einem stattlichen Bauernhof, dessen Besitzer zu den mächtigsten Familien des Landes gehörten. Sagen zufolge liegt in der Nähe der Kirche der Riese Bergþór von Bláfell begraben. Der eiserne Ring an der Kirchentür soll zu seinem Wanderstock gehört haben. Schon im 6. Jh. wurde die eiserne Spitze des Stockes als Besitztum der Kirche aufgeführt.

Neben dem Thermalfeld liegt das **Geysircenter,** das ein Hotel mit Restaurant und zwei Selbstbedienungsres-

045rj Abb.: as

taurants mit großem Souvenirshop und Multimediacenter umfasst. In der **Multimediashow** werden Fragen zur Geologie des Gebietes und ganz Islands erklärt. Besucher des zum Hotel gehörenden **Campingplatzes** können das Schwimmbad und die heißen Becken des Hotels mitbenutzen.

› **Geysircenter**, www.geysircenter.is, Tel. 4806800, Souvenirshop und Selbstbedienungsrestaurants Mai–Sept. tgl. 9–22, Nov.–März 9–18 Uhr, April, Okt. 9–19 Uhr.
› **Campingplatz:** geöffnet 1.5.–15.9. (bei gutem Wetter auch etwas länger), Übernachtung p. P. 8–15 J. 500 ISK, über 16 J. 1700 ISK
› **Anfahrt:** Von Reykjavík aus Ringstraße Nr. 1 Richtung Vík, kurz vor Selfoss Straße Nr. 35 bis zum Geysir (Ringstraße bis Geysir etwa 60 km). Von Þingvellir 22 aus von der Straße Nr. 36 auf die Straße Nr. 361, dann auf die Nr. 365, diese stößt auf die Nr. 37, dann Richtung Geysir. (Die Nr. 37 geht letztendlich über in die Straße Nr. 35.)

24 Gullfoss ★★★ [s. Faltplan]

Etwa 8 km nordöstlich des Haukadalur donnern die Wassermassen eines der bekanntesten Wasserfälle des Landes in die Tiefe.

Der **„Goldene Wasserfall"** führt in zwei Stufen (11 m und 20 m hoch), die etwa in einem 90°-Winkel zueinander liegen, das Gletscherwasser der Hvítá, die gespeist wird vom Gletscher Langjökull, in eine 2,5 km lange und 70 m tiefe Schlucht. Der wunderschöne Wasserfall ist **zu jeder Jahreszeit ein überwältigendes Erlebnis:** Im Sommer brechen sich die Sonnenstrahlen im Wasser vor dem Hintergrund der schroffen dunklen Felsen und der leuchtend grünen Wiesen, im Winter bilden sich entlang der Schlucht massive, überaus beeindruckende Eiswände, Teile des Wasserlaufs sind dann mit einem Eispanzer bedeckt.

Dem beherzten Eingreifen einer Isländerin ist es zu verdanken, dass der Gullfoss in all seiner Pracht erhalten geblieben ist, denn die gewaltige Wasserkraft wollte Anfang des 20. Jh. eine englische Gesellschaft zur Energiegewinnung nutzen. Sie plante die Errichtung eines Staudamms. Der Bauer Tómas Tómasson weigerte sich aber zu verkaufen. Später setzte sich seine Tochter **Sigríður Tómasdóttir** in mehreren beschwerlichen Reisen nach Reykjavík zu verschiedenen Beamten dafür ein, den Wasserfall zu erhalten und das Projekt zu stoppen. Sie drohte sogar, sich in den Wasserfall zu stürzen. Zwar waren ihre Bemühungen vergeblich, doch als 1928 die Pacht nicht bezahlt wurde, wurde der Vertrag für nichtig erklärt und der Wasserfall konnte als Naturdenkmal erhalten bleiben. Ein Gedenkstein für Sigríður erinnert an den unermüdlichen Einsatz.

KLEINE PAUSE

Snack am Wasserfall

Das **Gullfoss Kaffi** am oberen Parkplatz ist Souvenirladen und Restaurant zugleich mit einer kleinen Auswahl geschmackvoller Gerichte.

› Gullfoss Kaffi, Tel. 4866500, www.gullfoss.is, tägl. 10–18 Uhr

Man bekommt einen guten Eindruck von der **Wucht der Wassermassen**, wenn man von einem der beiden Parkplätze aus (man wird durch die Schilder direkt zum oberen Parkplatz geleitet) direkt zu den Kaskaden geht. Alternativ nimmt man den Fußweg auf dem Hochplateau, von dort aus bietet sich ein **wunderbarer Blick auf Fluss und Wasserfall.**

› **Anfahrt:** Von Reykjavík aus die Ringstraße 1 Richtung Vík, kurz vor Selfoss abbiegen auf die Nr. 35 bis zum Geysir und dann knapp 10 km weiter bis zum Wasserfall. Von Þingvellir 22 aus von der Nr. 36 auf die Nr. 361, dann auf die Nr. 365, diese stößt auf die Nr. 37, dann Richtung Geysir und Gullfoss. (Die Nr. 37 geht letztendlich über in die Nr. 35.)

25 Kerið ★★ [s. Faltplan]

Kerið ist einer von fünf **Vulkankratern** der Tjarnarhólar-Kraterreihe, die zum etwa 5000 bis 6000 Jahre alten Grímsnes-Vulkanfeld gehört. Der ovale Krater misst 270 m in der Länge, 170 m in der Breite und etwa 55 m in der Tiefe.

Auf seinem Grund hat sich zwischen den steilen Hängen (nur an einer Seite ist der Hang etwas abgeflacht) ein **wunderschön grün, manchmal auch blau schimmernder Kratersee** gebildet, der je nach Grundwasserspiegel 7–14 m tief ist. Die Farbe des Wassers bildet einen schönen Kontrast zur braunroten Lava der Kraterhänge.

› **Anfahrt:** Von Reykjavík aus die Ringstraße 1 Richtung Vík, kurz vor Selfoss abbiegen auf die Nr. 35, dann nach etwa 15 km ausgeschildert.

› **Eintritt:** 400 ISK, Öffnungszeiten je nach Saison, das Tor ist jedoch normalerweise nicht abgesperrt, wenn die Rezeption nicht besetzt ist.

EXTRATIPP

Gamla Laugin (Secret Lagoon)

In Fluðir findet man noch eine kleine Naturperle – ein natürliches Schwimmbad, umsäumt von Wiesen und einer Steinmauer. Das Schwimmbad liegt in einem Hochtemperaturfeld. Das heiße Wasser fließt direkt hinein und wird mit kaltem Wasser vermischt, wodurch die angenehme Temperatur von 38 bis 40 °C entsteht. Man sollte an den Stellen, an denen die Wasserläufe herunterfließen, etwas aufpassen, denn das Wasser kann dort recht heiß sein. Im Wasser verteilt liegen große Steinblöcke, so dass man sich an vielen Stellen hinsetzen kann. Günstige Getränke und Snacks gibt es an der Rezeption.

•3 **Gamla Laugin,** Hvammsvegur, 845 Flúðir, Tel. 5553351, www.secretlagoon.is, Mai–Sept. tgl. 10–22 Uhr, Okt.–Apr. tgl. 11–20 Uhr, 2800 ISK (bis 16 J. frei, ab 67 J. und Behinderte 1400 ISK)

› Anfahrt: von Reykjavík aus die Ringstraße 1 Richtung Vík fahren, dann auf die Nr. 30 nach Fluðir abbiegen, im Ort ausgeschildert

Zum mächtig tosenden Gullfoss sollte man immer warme Regenkleidung mitnehmen

26 Hveragerði ★★ [s. Faltplan]

Die kleine Gemeinde mit ihren 2300 Einwohnern **liegt auf einem 5000 Jahre alten Lavafeld** und auch heute noch ist das vulkanische Hochtemperaturgebiet sehr aktiv. Hier mussten tatsächlich schon Menschen ihre Häuser verlassen, weil darunter eine Heißwasserquelle aufgebrochen war. Beim Vulkanausbruch 2008 wurden wiederum mehrere heiße Quellen aktiviert, die aus der Erde austraten. Das **Geothermalfeld Hengill** nördlich des Ortes kann besichtigt werden, Infos erhält man bei der Touristeninformation.

› **Geothermalpark,** Hveramörk 13, Tel. 4834601, April/Mai. Mo.–Fr. 9–17, Sa./So. 9–13 (ab 15.5. 9–17), Juni–Aug. Mo.–Sa. 9–18, So. 10–16, Sept. Mo.–Sa. 9–17, So. 9–13, Okt.–März tgl. 9–13 Uhr, auf Nachfrage kostenlose Führung (englisch)

› **Touristeninformation Südisland** *(Upplýsingamiðstöð Suðurlands),* Sunnumörk 2, Tel. 4834601, www.south.is, Juni–Aug. Mo.–Fr. 8.30–18, Sa. 9–16, So. 9–13 Uhr, Sept.–Mai Mo.–Fr. 8.30–17, Sa./So. 9–13 Uhr

Schon immer machten sich die Menschen die heißen Quellen zunutze und 1930 wurde das erste Gewächshaus errichtet. Der Ort ist heute **vor allem für seine Gewächshäuser und den Gartenbau bekannt.** Während man als Tourist vielleicht nicht so gut einschätzen kann, was es für die Menschen im unwirtlichen Norden bedeutet, sich von der Natur unabhängig zu machen, sind die Isländer äußerst stolz auf die Gewächshäuser in Hveragerði und machen gerne einen Abstecher, um Blumen oder Gemüse zu kaufen.

› **Anfahrt:** Von Reykjavík aus Ringstraße Nr. 1 Richtung Vík (etwa 45 km).

27 Geothermalkraftwerk Hellisheiði (Hellisheiðarvirkjun) ★ [s. Faltplan]

Etwa 20 Autominuten von Reykjavík entfernt steht das neueste Geothermalkraftwerk der Region. Das Kraftwerk **versorgt Reykjavík mit Strom und heißem Wasser** (das zum Beispiel auch zum Heizen verwendet wird) und soll in den nächsten Jahren weiter ausgebaut werden, um den wachsenden Bedarf der Hauptstadt zu decken.

Im täglich geöffneten **Informationszentrum** des Kraftwerks erhält man eine Einführung in die unterschiedlichen Teile des Zentrums, anschließend laden interaktive Diagramme, Seismografen und Touchscreens, die u. a. Livedaten der Turbinen anzeigen, zum Studieren ein. Auf diese spannende Weise kann man sich über die Energiegewinnung aus den Heißwasserquellen der Region informieren. Ein Kurzfilm zeigt außerdem die geologische Geschichte Islands.

› Tel. 5912882, tgl. 9–17 Uhr, geführte Tour 1450 ISK, unter 16 J. frei, ab 67 J. und Behinderte 450 ISK

› **Anfahrt:** Von Reykjavík aus Ringstraße Nr. 1 Richtung Vík, dann nach etwa 30 km links abbiegen auf Straße Nr. 378 Richtung Hellisheiðarvirkjun, danach ist die Anlage rechts ausgeschildert.

▷ Die Blue Lagoon bietet herrliche Entspannung, auch oder vor allem direkt nach dem Flug

073rj Abb.: as

28 Blue Lagoon (Bláa Lónið) ★ [s. Faltplan]

Im wohltuend warmen, milchig-weiß-blauen Wasser der „Blauen Lagune“ lässt es sich wunderbar entspannen.

Insbesondere auf dem Weg vom oder zum Flughafen Keflavík ist ein Abstecher zur sogenannten „Blauen Lagune“ beliebt. Das luxuriöse Schwimmbad ist eigentlich **ein Nebenprodukt von Bohrungen zur Energiegewinnung.** Nachdem sich herausgestellt hatte, dass das heiße Quellwasser, das sich hier mit Meerwasser vermischt, reich an Algen, Silizium und Mineralien ist, die eine wohltuende und heilende Wirkung auf die Haut haben, wurden ein luxuriöses Wellnessbad und eine Hautklinik eingerichtet.

Die Wassertemperatur von 37–39 °C ist sehr angenehm und entspannend. Durch die Inhaltsstoffe sieht das **Wasser milchig-blau** aus und bildet so einen spannenden Kontrast zu den dunkelbraunen bis dunkelgrauen Lavafelsen. Der Badekomplex bietet ein großes **Schwimmbecken**, Dampfbad, Sauna, Wasserfall, Liegestühle drinnen und draußen sowie Massagen (nach Voranmeldung). Für besonders Erholungsbedürftige werden außerdem Massagen angeboten. Am Beckenrand stehen **Behälter mit Silizium**, das man auf die Haut auftragen kann. Dies reinigt und regeneriert die Haut.

Für das leibliche Wohl sorgen die **Kioske** im Schwimmbad und außerhalb des Badebereichs eine weitere Cafeteria und ein Restaurant. Ein an-

EXTRATIPP

Achtung, Strohhaare!

Die weiße Siliziummasse sollte man sich nicht in die Haare schmieren, denn diese werden dadurch so hart wie Stroh. Nach dem Baden die Haare gründlich mit Shampoo und Spülung (steht in den Duschen zur Verfügung) behandeln, damit am Ende nicht nur die Haut weich ist.

geschlossener **Shop** bietet eine große Auswahl an Blue-Lagoon-Kosmetikprodukten und typisch isländischen Souvenirs.

Wer nicht unbedingt baden gehen möchte – denn schließlich ist der Eintrittspreis doch recht heftig und lohnt sich nur, wenn man gerne einige Zeit in dem Wellness-Bad verbringen möchte –, kann einen kleinen Spaziergang um verschiedene Ablaufbecken machen und so trotzdem das Farbspiel genießen.

› 240 Grindavík, Tel. 4208800, www.bluelagoon.com, 1.1.–25.5. tägl. 8–21, 26.5.–29.6. 8–23, 30.6.–20.8. 8–24, 21.8.–Ende Sept. 8–22, Okt.–Dez. 8–20 Uhr, Eintritt: 1.9.–31.5. 5400 ISK, 1.6.–31.8. 6100 ISK. Eine Reservierung wird dringend empfohlen, denn inzwischen ist das Bad so gut besucht, dass es kaum Chancen gibt, ohne Reservierung Zutritt zu bekommen. Handtücher, Badeanzüge, Bademäntel können vor Ort geliehen werden.

› **Lava Restaurant:** tgl. 11.30–21 Uhr

› **Anfahrt:** Von der Straße Nr. 41 (Reykjavík–Keflavík) abbiegen auf die Nr. 43 (ausgeschildert), schließlich auf Nr. 426.

› **Reykjavík Excursions** (www.re.is, s. S. 42) bietet Fahrten zur Blauen Lagune von Reykjavík aus oder in Kombination mit der Fahrt vom und zum Flughafen.

29 Leuchtturm Reykjanes (Reykjanesviti) ★★ [s. Faltplan]

Bereits 1878 wurde bei Valahnúk der erste Leuchtturm gebaut, denn die Küste bei Reykjanes war – und ist noch immer – tückisch. Der Leuchtturm brachte für die Seeleute etwas mehr Sicherheit. Bei einem Erdbeben im Jahre 1905 wurde der alte Leuchtturm jedoch so stark beschädigt, dass er ins Meer zu stürzen drohte. Also musste möglichst schnell ein neuer Leuchtturm gebaut werden. Die Dänen waren zu diesem Zeitpunkt für den Leuchtturmbau verantwortlich, doch die bürokratischen Mühlen der Dänen drehten sich nur langsam und die Baupläne für die Stahlkonstruktion ließen endlos auf sich warten. Da die Zeit drängte, wurde zwischen 1907 und 1908 ein Turm aus Stein und Beton gebaut, der noch immer Teil eines Ringes, bestehend aus **104 Leuchttürmen, rund um Island** ist.

Das Licht auf einer Höhe von 69 m ü. NN ist 22 Seemeilen weit sichtbar. Seit 2003 steht er mit sechs weiteren isländischen Leuchttürmen unter Denkmalschutz (leider von innen nicht zu besichtigen).

› **Anfahrt:** Von der Straße Nr. 41 kurz nach dem Flughafen auf Nr. 44 abbiegen, in Hafnir geht diese über in Nr. 425, nach ca. 14 km ist Leuchtturm ausgeschildert.

EXTRAINFO

Zwischen den Kontinenten

Auf der Fahrt zum Leuchtturm 29 kommt man etwa 9 km nach Hafnir an der **Miðlína-Brücke** vorbei, die über einen Graben zwischen der eurasischen und der nordamerikanischen Kontinentalplatte gespannt ist. (In dieser Fahrtrichtung links von der Straße ausgeschildert.)

EXTRAINFO

Hochtemperaturgebiet Gunnuhver

Direkt neben dem Leuchtturm 29 liegt das Gunnuhver-Feld, wo man sprudelnde Schlammlöcher und fauchende Fumarole bewundern kann. Unter den Quellen herrschen Temperaturen von bis zu 300 °C – eine der heißesten Stellen Südislands.

Reykjavík für Genießer

Essen und Trinken

Das Leben auf Island war nie leicht und Luxusdinge wie Restaurantbesuche waren in der Vergangenheit eine absolute Seltenheit. Das hat sich inzwischen stark geändert und nicht nur während des jährlich stattfindenden internationalen Festivals Food & Fun (s. S. 75) gibt es in Reykjavík eine geschmackvolle und qualitativ sehr ansprechende Küche.

Traditionell wird in Island **abends warm gegessen.** Mittags nimmt man eher kleinere Speisen zu sich, weshalb viele Restaurants auch erst gegen Abend öffnen. Die meisten Reykjavíker Restaurants sind recht klein, deshalb empfiehlt sich eine **Reservierung.**

Da sehr vieles nach Island importiert werden muss, ist ein **Restaurantbesuch keine billige Angelegenheit.** Die Preise auf der Speisekarte empfinden die meisten ausländischen Gäste als recht gesalzen, denn schon Kleinigkeiten können ein ordentliches Loch in den Geldbeutel fressen. Preisvorstellungen wie im deutschsprachigen Raum sollte man am besten zur Seite schieben.

Das **Gaststättengewerbe** hat seit der Jahrtausendwende **vom Boom der Wirtschaft profitiert.** Gut ausgebildete Köche eröffneten Restaurants, die Küche auf höchstem Niveau bieten konnten. Eine **moderne, leichte Küche**, die die besten Eigenschaften verschiedener Länder auf kreative Weise vereinigt.

Die Finanzkrise führte zu einem verstärkten Interesse an **einheimischen Produkten** wie Lamm, Rindfleisch, Fisch, Meeresfrüchten und Skyr (s. S. 53). Diese Produkte sind sehr frisch und oft weit weniger mit Schadstoffen belastet als in Europa, was dem Geschmack und der

019rj Abb.: as

Preiskategorien Restaurants

€	bis 3500 ISK (bis ca. 28 €)
€€	3500–5000 ISK (28–40 €)
€€€	5000–7500 ISK (40–60 €)
€€€€	7500–9000 ISK (60–72 €)
€€€€€	mehr als 9000 ISK (mehr als 72 €)

Die angegebenen Preise umfassen drei einzeln aus der Karte gewählte Gänge und beziehen sich nicht auf Menüs zu Sonderpreisen. Die Angabe der Preisspannen in Euro geschieht unter Vorbehalt, da der Wert der Isländischen Krone stark schwanken kann.

Qualität der Speisen zugute kommt. Sehr oft macht man in Restaurants die besten kulinarischen Erfahrungen, wenn man sich auf lokale Produkte konzentriert, sich also beispielsweise bei der Vorspeise für den Lachs anstatt des Parmaschinkens entscheidet.

Teilweise bieten Restaurants neben der regulären Karte ein **mehrgängiges Menü für einen ganzen Tisch** an. Der Preis hierfür ist meist weitaus günstiger als einzeln gewählte Speisen und man bekommt oft noch ein paar Extra-Leckerbissen vom Küchenchef.

Wein zu trinken hat in Island nur eine sehr kurze Tradition und ist daher nicht vergleichbar mit der Weinkultur mittel- oder südeuropäischer Länder. Gute Lokale bieten zwar oft eine ausführliche Weinkarte, das Fach des Sommeliers ist aber noch nicht sehr verbreitet, weshalb es auch in teuren Lokalen noch vorkommt, dass ein Wein nicht die richtige Temperatur hat. (Isländer haben eine Vorliebe dafür, alles im Kühlschrank aufzubewahren, auch wenn es dort nicht hingehört.) **Wasser** wird überall gratis serviert, auch wenn man nichts anderes trinken möchte.

An traditionellen Feiertagen wie Weihnachten oder Ostern kann es passieren, dass Restaurants geschlossen sind. In den Restaurants, die geöffnet haben, sollte man an Feiertagen unbedingt reservieren, genau wie donnerstag- bis sonntagabends.

Das gesamte **Gaststättengewerbe ist rauchfrei.** Raucher werden vor die Tür oder auf die Terrasse verbannt. **Trinkgelder** sind in Island nicht üblich.

⌃ Das schwarze Etikett sollte ursprünglich der Abschreckung dienen, doch der Brennivín (auch „schwarzer Tod“ genannt) gilt heute als inoffizielles Nationalgetränk

Ausgewählte Lokale

32 [D5] **3 Frakkar** €€€€, Baldursgata 14, Tel. 5523939, www.3frakkar.com, Mo.-Fr. 11.30-14.30 u. 18-22, Sa./So. 18-23 Uhr. Eine große Auswahl an Fisch und Meeresfrüchten, aber auch etwas ausgefallenere Spezialitäten wie geräuchertes Papageientaucherfleisch, Walsteak oder Pferdefleisch. Hierher kommen (auch) die Isländer, wenn sie typisch isländisch essen wollen.

33 [B6] **Aalto Bistro** €€€€, Sturlugata 5, Tel. 5510200, www.aalto.is, So.-Mi. 11-17, Do.-Sa. 11.30-21.30 Uhr. Nordische Küche kombiniert mit mitteleuropäischen Einflüssen. Das Lokal ist im von Alvar Aalto entworfenen Nordischen Haus 15 untergebracht. Die großen Glasfenster bieten einen schönen Blick auf das Vogelschutzgebiet vor dem Haus.

34 [D5] **Café Lóki** €€, Lokastígur 28, Tel. 4662828, www.loki.is, Mo.-Sa. 9-21, So. 11-21 Uhr. Das kleine Café schräg gegenüber der Hallgrímskirche 14 bietet eine breite Auswahl an typisch isländischen Gerichten wie Hering, Stockfisch, Fischeintopf, geräucherte Forelle, eingelegter Schafskopf, fermentierter Hai usw. Im Angebot finden sich ein wechselndes Tagesmenü, isländische Platten, selbst gebackenes Brot, Suppen und Pfannkuchen.

35 [D5] **Eldsmiðjan Pizzeria (1)** €, Bragagata 38A, und

36 [E5] **Eldsmiðjan Pizzeria (2)** €, Laugavegur 81, www.eldsmidjan.is, Tel. 5623838, tgl. 11-23 Uhr. Eine Eldsmiðjan-Pizza aus dem Holzofen (mit extra Knoblauch- oder Chiliöl) schmeckt wunderbar, weshalb man im Stammhaus in der Bragagata teilweise bis zu einer Stunde warten musste, bis man mit seiner Bestellung an der Reihe war. Glücklicherweise kamen vor wenigen Jahren neue Filialen hinzu. Pizza (Zutaten auch frei kombinierbar), Salate, Knoblauchbrot.

EXTRATIPP

Alkohol

Alkohol war lange verboten, erst 1989 wurde der Verkauf von Bier legalisiert. Noch immer darf Alkohol **ausschließlich in speziellen Staatsläden verkauft** werden und die Preise sind recht hoch. Wenn man sich am Wochenende ins Nachtleben stürzt, bekommt man aber schnell den Eindruck, als ob die meisten Isländer kein Maß kennen, wenn es ums Trinken geht. Oder wie es ein Freund einmal formulierte: „Früher war Alkohol verboten. Wenn man also Alkohol schmuggelte oder selbst brannte, dann versuchte man möglichst viel Alkohol in eine Flasche zu kriegen. Wir sind eigentlich erst dabei zu lernen, wie man Wein trinkt, weil man den Geschmack genießt." Das **Mindestalter,** um Alkohol kaufen zu können, beträgt 20 Jahre. Man kann also mit 18 Jahren heiraten, aber den Sekt für das Fest nicht selbst besorgen. Auch in der Innenstadt gibt es einen staatlichen Alkoholladen:

38 [C4] **Vínbúðin,** Austurstræti 10A, www.vinbudin.is, Tel. 5626511, Mo.-Sa. 11-18, Fr. 11-19 Uhr. In den großen Einkaufszentren Kringlan und Smáralind (s. S. 64) befinden sich ebenfalls staatliche Alkoholläden.

37 [C3] **Fish Company – Fiskfélagið** €€€€€, Vesturgata 2a, Tel. 5525300, www.fiskfelagid.is, Mo.-Do. 11.30-14.30 und 17.30-22.30, Fr. 11.30-14.30 und 17.30-23.30, Sa. 17.30-23.30, So. 17.30-22.30 Uhr. Hochwertige isländische Produkte (Fisch, Meeresfrüchte, Lamm, Geflügel) werden in einer Reise um die Welt zu Köstlichkeiten verarbeitet. Empfehlenswert sind die „Around"-Menüs.

EXTRATIPP

Günstige Gelegenheit

Viele der Toprestaurants bieten inzwischen zur Mittagszeit eine spezielle kleinere Karte an. Die Portionen sind etwas kleiner, aber dafür sind auch die Preise weitaus günstiger. Es kann sich also lohnen, den Restaurantbesuch am Mittag einzuplanen.

KLEINE PAUSE

Feinkost, Fisch und Bruschetta

Hier gibt es günstige Mittagsspeisen (Suppe, Salat, ein Fischgericht), 2015 ist ein Restaurant dazugekommen. Wer etwas für unterwegs sucht, bekommt im angeschlossenen Delikatessengeschäft reich belegte Baguettes.

45 [D4] **Ostabúðin** €€€, Skólavörðustígur 8, www.ostabudin.is, Tel. 5622772, Mo.–Fr. 11.30–21, Sa./So. 12–21 Uhr (Restaurant)

39 [C5] **Gallery Restaurant** €€€€€, Bergstaðastræti 37, Tel. 4142626, www.holt.is, Di.–Sa. 11.30–14 u. 18–22.30 Uhr (Küche bis 13.30 bzw. 22 Uhr). Der Gründer des Hólt-Hotels, Þorvaldur Guðmundsson (1911–1998), war ein talentierter und kenntnisreicher Sammler isländischer Gemälde, die er nicht in einem Safe eingeschlossen, sondern überall im Hotel aufgehängt hat. Betritt man das Hotel und das Restaurant, wird man von einer gedämpften Atmosphäre empfangen: Teppichböden, alte Gemälde in breiten Bilderrahmen, beinahe antik anmutende Einrichtung. Das Restaurant bietet klassische französische Küche mit isländischen Zutaten, à la carte zum entsprechenden Preis. Das Restaurant verfügt außerdem über einen legendär bestückten Weinkeller.

40 [B3] **Geysir** €€€, Aðalstræti 2, Tel. 5174300, www.geysirbistro.is, tgl. ab 11.30 Uhr. In dem bereits ab Mittag geöffneten Bistro ist die Auswahl an einfachen Gerichten groß: Suppen, Salate, gefüllte Pfannkuchen, Pastagerichte, Hamburger, Fisch- und Fleischgerichte, Desserts ... Hier findet jeder etwas.

41 [B3] **Hamborgarabúllan** €, Geirsgata 1, Tel. 5111888, www.bullan.is, tgl. 11.30–21 Uhr. Vor allem Jugendliche bevölkern das kleine Lokal beim Hafen, um leckere Hamburger in vielen Varianten, Pommes und Milchshakes zu verzehren. Man bestellt am Tresen, setzt sich auf einen der Barhocker und die Burger werden in kleinen Körbchen und in Papier eingewickelt serviert. Gut geeignet für den Hunger zwischendurch oder als Grundlage für einen längeren Abend.

42 [C4] **Hraðlestin** €€, Lækjargata 8, Tel. 5783838, www.hradlestin.is, Mo.–Do. 11–22, Fr. 11–23, Sa. 17–23, So. 17–22 Uhr. Klassisch indische Küche. Alle Hauptgerichte (Geflügel, Lamm und vegetarisch) haben denselben Preis und werden in kleinen, übereinandergestapelten Metalltöpfchen serviert.

43 [B3] **Icelandic Fish and Chips** €€, Tryggvagata 11, Tel. 5111118, www.fishandchips.is, täglich 11.30–21 Uhr. Hier wird das englische Traditionsessen Fisch mit Pommes frites isländisch aufgewertet. An einer Theke bestellt man aus einer Auswahl von drei bis vier Fischsorten wie Schellfisch, Scholle, Kabeljau, Seeteufel, Heilbutt oder Wels, die in einem Teigmantel gebacken werden. Dazu kann man gebackene Kartoffelecken, Salat, diverse Soßen auf der Basis von *Skyr* und einige Nachspeisen wählen.

44 [C4] **Jómfrúin** €€, Lækjargata 4, Tel. 5510100, www.jomfruin.is, tgl. 11–22 Uhr. Hier wird typisch dänisches *Smørrebrød* serviert, was eigentlich Butterbrot bedeutet. Die gebotenen Sandwiches

Isländische Snacks

Pylsur, *die isländischen Hotdogs, findet man in Pylsur-Buden überall in Reykjavík, wo man vom Hunger überfallen werden könnte, ob man nun auf den Bus wartet oder gerade das Schwimmbad verlässt.*

Die Isländer lieben ihre Hotdogs, vielleicht weil sie mit dem Spruch „Íslendingar borða SS pylsur" – „Isländer essen SS pylsur" – groß geworden sind. („SS" steht übrigens für den Namen des Herstellers „Sláturfélag Suðurlands" – „Schlachtervereinigung Südland".) Manche Besucher mit kleinem Budget retten sich mithilfe von Pylsur durch ihren Islandurlaub. Der besondere Geschmack der Wurst rührt daher, dass auch ***Lammfleisch mitverarbeitet*** *wird.*

In Reykjavík schwören die Leute darauf, dass es ***die besten Hotdogs bei Bæjarins Beztu*** *gibt, einem Hotdogstand schräg gegenüber von Kolaportið* ⓫*, denn es gab das Gerücht, dass die Würstchen dort in Bier gekocht werden. Hier haben schon einige Berühmtheiten, darunter auch Bill Clinton, Pylsur verzehrt, was ihnen wohl sehr gemundet hat. Zudem hilft der Stand seit dem Jahr 1937 manchem Nachtschwärmer am Wochenende über die Runden.*

Die Pylsur der Firma SS haben einen Marktanteil von 80 %, weshalb man diese nicht nur bei Bæjarins Beztu findet. Selbst nachts muss man teilweise Schlange stehen, die Wartezeit kann man sich dann mit dem Lesen von an die Wand plakatierten Zeitungsartikeln über Clinton und Co. verkürzen. Am gebräuchlichsten ist wohl die Bestellung „eina með öllu og kók", dann erhält man einen „Hotdog mit allem und Coke". Das wären ein Hotdog mit Senf, Remouladensoße, Ketchup, rohen und gebackenen Zwiebeln und eine Cola zum Runterspülen.

- **46** *[C4]* ***Bæjarins Beztu,*** *Tryggvagata, www.bbp.is, So.-Do. 10-2, Fr./Sa. 10-4.30 Uhr (manchmal auch länger), Pylsur: 450 ISK*
- **47** *[J4]* ***Ísbúðin Laugalæk,*** *Laugalæk 8, Tel. 5612244, tägl. 11-23.30 Uhr. Der Eissalon bietet Pylsur nach eigenem deutschen Bratwurst-Rezept (ohne Zusatzstoffe) für 790 ISK*

Neben anderen üblichen Snacks wie Süßigkeiten, Keksen und Chips gibt es in Reykjavík noch ein paar besondere Imbisse, die noch dazu eine äußerst gesunde Alternative darstellen. Die erste Alternative ist ***harðfiskur*** *(getrockneter Fisch), der auch zerteilt in Tüten verkauft wird, sodass man die zähen Fasern nicht erst mühselig auseinander rupfen muss. Teilweise wird auch gleich Butter, die man einfach auf den Fisch schmiert, als wäre es Brot, und ein Plastikmesser mitverkauft. Durch das Trocknen wird der Geschmack milder und unaufdringlicher.*

Ein vegetarierfreundlicher Snack sind die ***getrockneten Algen,*** *die in Tüten verkauft werden und gegessen werden wie Chips. Außerdem gibt es noch* ***Skyr,*** *eine Art dickflüssiger Joghurt mit einem sehr viel höheren Proteingehalt als Joghurt und Quark. Das typisch isländische Milchprodukt wird in kleinen Bechern (mit Löffel im Deckel) in vielen süßen Geschmackssorten verkauft.*

Verði þér að góðu! *– Wohl bekomm's!*

EXTRATIPP

Vielseitig und lecker

Das Restaurant des Natura Hotels (s. S. 121) bietet Mo.–Fr. ein reichhaltiges Lunchbuffet sowie Brunch am Wochenende mit Salaten, Gemüse, Fleisch- und Fischgerichten, Pizza und Gebäck.

› **Satt Restaurant,** Nauthólsvegur 52, Tel. 4444050, www.sattrestaurant.is, tägl. 11.30–22, Lunch 11.30–14 Uhr (Lunch 3600 ISK, Brunch 3900 ISK)

sind allerdings reichlich belegt und ausgiebig garniert (kalt und auch warm). Das Angebot eignet sich hervorragend für den kleinen Hunger zwischendurch. Man kann ganze oder halbe Portionen bestellen, sodass man mehrere Brote kombinieren kann.

48 [J4] **Kaffi Laugalækur** €€€, Laugarnesvegur 74a, Tel. 5376556, www.laekur.is, Mo.–Fr. 11–23, Sa./So. 10–23 Uhr (Küche 11.30 bzw. 11–21 Uhr). Hostel, Galerie und Bistro in der Nähe des Laugadalur-Schwimmbads. Suppen, Salate, Kuchen und Snacks, mittags verschiedene Tagesgerichte, abends überbackene Fladenbrote.

49 [E10] **Nauthóll** €€€, Nauthólsvegur 106, Tel. 5996660, www.nautholl.is, täglich 11–22 Uhr. Beliebtes Restaurant in der Nähe des Stadtstrands. Im Sommer mit großer Terrasse. Mittags gibt es leichtere Speisen, die Abendkarte bietet zusätzlich klassische Fleisch- und Fischgerichte.

50 [F5] **Noodle Station** €, Laugavegur 86, www.facebook.com/pages/Noodle-Station/157246895889, Tel. 5513199, tgl. 11–22 Uhr. Einfaches Restaurant, das thailändische Nudelsuppen mit Rindfleisch, Geflügel oder vegetarisch serviert. Achtung: Die scharfen Suppen sind wirklich nur etwas für Fortgeschrittene!

51 [C4] **Nora Magasin** €€, Posthússtræti 9, Tel. 5782010, Facebook: Nora-Magasin, Mo.–Do. 9–1, Fr. 9–3, Sa. 11.30–3, So. 11.30–1 Uhr. In entspannter Bistro-Atmosphäre kann man hier Burger, Sandwiches und Gerichte mit asiatischem Einschlag zu freundlichen Preisen genießen. Mit etwas Glück ist es warm genug, um Getränke oder Snacks auf der Terrasse zu genießen.

52 [D4] **Núðluskálin** €, Skólavörðustígur 8, Tel. 5620202, www.nudluskalin.com, Mo.–Fr. 11.30–21, Sa. 12–20 Uhr. Einfaches Restaurant, das Suppen auf der Basis von Tomaten, Kokosmilch oder Gemüsebrühe serviert, angereichert mit Reis- oder Eiernudeln, Geflügel, Rindfleisch und/oder Gemüse.

53 [B3] **Ramen Momo** €€, Tryggvagata 16, Tel. 5710646, Facebook: Ramen Momo, Sommer: Mo.–Sa. 11.30–21, So. 17–21 Uhr, Winter: Mo.–Fr. 11.30–14 und 17.30–21, Sa./So. 12–21 Uhr. Winziges Restaurant (fünf Sitzplätze), in dem tibetische Spezialitäten und japanische Nudelsuppen angeboten werden. Geeignet als Snack oder Zwischenmahlzeit.

54 [C4] **Shalimar** €€€, Austurstræti 4, Tel. 5510292, www.shalimar.is, Mo.–Do. 11.30–22, Fr. 11.30–23, Sa. 16–23, So. 16–22 Uhr. Indisch-pakistanische Küche, vegetarische Hauptgerichte.

55 [D4] **Sjávargrillið – Seafood Grill** €€€€, Skólavörðustígur 14, Tel. 5711100, www.sjavargrillid.is. 2011 von einem der aufstrebenden Köche Islands eröffnetes Restaurant für Spezialitäten von Fisch und Meeresfrüchten. Empfehlenswert sind die günstigeren Grill-Menüs.

56 [D4] **Sushibarinn** €€€, Laugavegur 2, Tel. 5524444, www.sushibarinn.is, Mo.–Sa. 11.30–22, So. 17–22 Uhr. Sushibarinn ist eines der beliebtesten

Sushirestaurants der Stadt. Im Restaurant selbst gibt es nur sehr wenige Sitzplätze, aber man kann auch im Café nebenan (Kofi Tómasar frænda) die Gerichte bestellen und sich auf die Terrasse hinter dem Haus setzen.

57 [B3] **Tapasbarinn** €€€, Vesturgata 3B, Tel. 5512344, www.tapas.is, So.–Do. 17–23.30, Fr./Sa. 17–1 Uhr. Zusätzlich zu den fast 50 Tapas-Sorten, in deren Reihe sich auch typisch isländische Gerichte wie geräucherter Papageientaucher in Heidelbeer-Branntwein-Soße geschlichen haben, kann man auch noch größere oder kleinere Hauptgerichte und Desserts wählen. Beliebt wegen seiner langen Öffnungszeiten, freitags und samstags meist sehr voll.

Vegetarisch und gesund

Vegetarisches Essen war für Isländer lange Zeit eine unverständliche Angelegenheit. Inzwischen gibt es jedoch einige vegetarische Restaurants, die auch vegane oder glutenfreie Speisen im Angebot haben. Allerdings sollte man immer nachfragen, welche Gerichte geeignet sind.

Fast alle vegetarischen Restaurants sind recht einfach eingerichtet und man holt sich die Speisen am Tresen selbst ab. Reguläre Restaurants, auch solche auf gehobenem Niveau, tun sich schwer damit, hochwertige vegetarische Alternativen mit in die Karte aufzunehmen.

58 [D4] **Garðurinn – Ecstacy's Heart Garden** €, Klapparstígur 37, Tel. 5612345, www.heart-garden.is, Mo.–Fr. 11–17, Sa. 12–17 Uhr. Sehr kleines Restaurant, das täglich Suppen mit Dinkelbrot, Humus und Butter sowie ein Tagesmenü aus Suppe und Hauptgericht bietet. Auch die Kuchen sind beliebt, besonders die Schokoladentorte.

59 [J5] **Gló (1)** €€, Engjateigur 19, Tel. 5531111, www.glo.is, Mo.–Fr. 11–21 Uhr. Gló bietet seinen Gästen in diesen zwei modern und hell eingerichteten Restaurants in der Stadt leckere Suppen mit Brot und Humus, Salate und verschiedene Tagesgerichte (ein nicht-vegetarisches, zwei vegetarische Gerichte). Ein Tagesgericht sowie einige der Kuchen bestehen aus rohen Zutaten oder werden nur bei sehr niedrigen Temperaturen gegart. Auch Veganer können hier etwas finden. Solla Eiríksdóttir, die Küchenchefin, ist seit vielen Jahren eine Vorkämpferin für Rohkost in Island. Außerdem vertreibt sie erfolgreich eine Reihe von Bioprodukten. Filiale:

60 [D4] **Gló (2)** €€, Laugavegur 20b (Eingang über Klapparstígur), Mo.–Fr. 11–21, Sa./So. 11.30–21 Uhr

61 [E4] **Kaffi Vínyl** €€, Hverfisgata 76, Tel. 5371332, Facebook: @vinilrkv, Mo.–Fr. 9–23, Sa. 10–23, So. 11–23 Uhr. Café, Bar und Plattenladen, vegane Speisen,

KLEINE PAUSE

62 [B3] **Sægreifinn – Sea Baron** €€, Geirsgata 8, Tel. 5531500, www.saegreifinn.is, tgl. 11.30–22 Uhr, 1.5.–31.8. bis 23 Uhr. In die einfache Hafenkneipe kommen Einheimische wie Touristen, um Hummersuppe (für die Sægreifinn berühmt ist) oder diverse gegrillte Fischspieße (Lachs, Zwergwal, Kabeljau, Muscheln – je nach Tagesangebot) zu essen. Die Speisen und Getränke liegen in zwei Kühlschränken aus und das Gewählte wird frisch zubereitet. Hier sitzt man auf Plastiktonnen, die zu Sitzen umgebaut sind, an langen Tischen. Wenn es voll wird, rücken alle zusammen. Das Ambiente mag äußerst einfach sein, aber die Qualität der gebotenen Speisen ist so gut, dass die meisten Gäste gerne wiederkommen.

EXTRATIPPS

Dinner for one

Grundsätzlich gibt es keine Probleme, beim Essen in Reykjavík allein und ungestört zu sein, das ist überall möglich. Wer Leute kennenlernen will, für den eignen sich die Restaurants, die auch als Bar/Klub fungieren, beispielsweise:

- **KEX** (s. S. 60)
- **Café Babalú** (siehe rechts)
- **Gló** (s. S. 55)
- **Vegamót** (s. S. 61)

Für den späten Hunger

Am Wochenende ist das spanische Restaurant **Tapasbarinn** (s. S. 55) beliebt, dessen Küche Fr. und Sa. bis 1 Uhr geöffnet ist. Verstreut auf Bankastræti, Austurstræti, Hafnarstræti liegen verschiedene **Kioske** mit Pylsur-Verkauf und **Snackbars**, die meisten schließen Fr. und Sa. gegen 2 Uhr. Der legendäre Pylsur-Stand **Bæjarins Beztu** hält bis in den frühen Morgen die Stellung (s. S. 53). Der wirklich letzte Rettungsanker ist der kleine Supermarkt **10/11** in der Austurstræti, der rund um die Uhr geöffnet ist (u. a. Salate und Hotdogs).

Wer lange genug durchhält, kann sich bei der Konditorei **Sandholt** oder der **Bernhöftsbakarí** (Klapparstígur 3, Eingang Skúlagata) ab 7, 7.30 oder 8 Uhr etwas zum Frühstücken holen und Sa. sowie So. ab 8 Uhr ein solides Frühstück bei **Grái Kötturinn** (s. S. 57) genießen.

Lokale mit guter Aussicht

In den folgenden Lokalen überzeugen nicht nur die zubereiteten Speisen, sondern auch der Ausblick:

- **Aalto Bistro** (s. S. 51)
- **Nauthóll** (s. S. 54)

z. B. Lasagne, Wraps, Nudeln, Salate, Suppen, glutenfreies Brot und Kuchen.

63 [J6] **Krúska** €€, Suðurlandsbraut 12, Tel. 5575880, www.kruska.is, Mo.–Fr. 11–21 Uhr. Ein kleines, helles Restaurant, wo man aus einem Angebot vegetarischer und nicht-vegetarischer Speisen an einer Theke auswählen und sein Essen selbst zusammenstellen kann.

64 [D4] **Kryddlegin Hjörtu** €, Hverfisgata 33, www.kryddleginhjortu.is, Tel. 5888818, Mo.–Mi. 11.30–21, Do.–Sa. 11.30–23, So. 12–23 Uhr. Diverse Suppen, eine gut bestückte Salatbar, selbst gebackenes Brot und Tacos, die man sich selbst füllen kann. Außerdem gibt es eine Karte mit teilweise vegetarischen Gerichten (Lasagne, Fajitas) sowie Fisch.

Cafés und Konditoreien

Isländer gehen sehr gerne Kaffeetrinken und genießen es, in Cafés zu sitzen. Viele benutzen diese auch als erweitertes Büro und lassen sich mit Laptop (viele Cafés bieten einen drahtlosen Internetzugang) und Schreibzeug für Stunden im Cafestuhl nieder. Vielleicht ist das ja einer der Gründe dafür, warum es in Reykjavík jede Menge Cafés gibt, die eine Atmosphäre haben, als würde man bei Freunden oder bei der Oma zum Kaffeeklatsch vorbeischauen.

65 [E4] **Bakarí Sandholt,** Laugavegur 36, Tel. 5513524, sandholt.is, tägl. 7–21 Uhr. Hier kann man Brot, lecker belegte Brötchen, Suppe, süße Teilchen und verführerische Torten erstehen. Im Café kann man die Torten oder selbst hergestellte Schokolade und frisches Eis auch gleich vor Ort genießen.

66 [D5] **Café Babalú,** Skólavörðustígur 22a, Tel. 5558545, www.babalu.is, tgl. 11–23 Uhr, WLAN. Entspanntes Café mit einem kleinen Garten im Hinterhof und einem Freisitz im ersten Stock. Eine kleine Karte mit einfachen Speisen wie Crepes, Suppen, Lasagne.

67 [B3] **Café Haiti,** Geirsgata 7b, Tel. 5888484, www.cafehaiti.is, Mo.-Do. 8-18, Fr. 8-22, Sa. 9-22, So. 9-18 Uhr, WLAN. Auf haitianische Kaffeesorten spezialisiertes Café am Hafen. Im Angebot sind kleinere Speisen wie Sandwiches, Suppen, Tellergerichte, Quiches, Kuchen und Desserts. Außerdem finden hier regelmäßig Livekonzerte und Kulturveranstaltungen statt, was das Café bei den Einheimischen sehr beliebt macht.

68 [C4] **Café Paris,** Austurstræti 14, Tel. 5511020, www.facebook.com/cafeparis.is. Große Auswahl an Bistrospeisen von Sandwich und Salaten über Hamburger und Pfannkuchen bis hin zu Lammsteaks. Das Wichtigste ist jedoch der soziale Aspekt und so sind bei gutem Wetter die Tische draußen ein perfekter Ort zum Sehen und Gesehenwerden. **Das Café wird derzeit renoviert, soll aber demnächst wieder eröffnen.**

69 [B2] **Café Retro,** Grandagarður 14, Tel. 4564000, Mo.-Fr. 9.30-17, Sa. 11-17 Uhr, WLAN. Entspanntes Café (1970er-Jahre-Ausstattung) im alten Hafengebiet. Neben Waffeln und Kuchen gibt es hier auch herzhafte Gerichte.

70 [D5] **C is for Cookie,** Týsgata 8, Tel. 5785914, www.facebook.com/cookie.reykjavik, Winter: Mo.-Fr. 7.30-18, Sa. 10-17 Uhr, WLAN. Winziges Café mit Möbeln wie aus Omas Wohnzimmer. Hausgemachte Kuchen, belegte Brötchen, gegrillte Sandwiches.

71 [D4] **Grái Kötturinn,** Hverfisgata 16a, www.facebook.com/graikotturinn, Tel. 5511544, Mo.-Fr. 7.30-15 Uhr, Sa./So. 8-15 Uhr (Küche tgl. bis 14 Uhr). Das halb versteckt im Souterrain liegende Café offeriert amerikanische Pfannkuchen mit Speck oder Ahornsirup, ein opulentes Frühstück mit Speck, Eiern usw. (bekommt man aber den ganzen Tag) sowie reichlich belegte Toasts oder Bagels.

Die sonnenverwöhnten Terrassen der Cafés locken Einheimische wie Touristen an

110rj Abb.: as

72 [G4] **Johansen Deli,** Þórunnartún 2, Tel. 5170102, www.johansendeli.is, Mo.-Fr. 8-18 Uhr. Das 3-Generationen-Familienunternehmen bietet in seinem Delikatessengeschäft eine große Auswahl an Leckerem, warme Speisen als Mittagstisch, aber auch Süßes wie Eis oder Schokoladenspezialitäten. Es gibt ein paar kleine Tische für Gäste.

73 [D4] **Kaffi Brennslan,** Laugavegur 21, www.kaffibrennslan101.is, Tel. 5115888, Mo.-Do. 9-23, Fr. 9-1, Sa. 10-1, So. 10-21 Uhr, WLAN. Café und Bar in einem vor wenigen Jahren renovierten Haus, das zu den ältesten Gebäuden auf der Laugavegur gehört. Belegte Brote (auch gegrillt), Salate und Kuchen.

74 [D4] **Kaffi Sólon,** Bankastræti 7A, Tel. 5623232, www.solon.is, So.-Do. 11-23.30, Fr./Sa. 11-1 Uhr, WLAN. Den ganzen Tag über ist das Kaffi Sólon ein beliebter Treffpunkt. Im Erdgeschoss werden Werke verschiedener Künstler ausgestellt. Die Menükarte umfasst kleine und große Gerichte wie Tapas, Pasta, Risotto, Fleischgerichte, Hamburger, Suppen und Salate.

75 [D4] **Kofi Tómasar frænda,** Laugavegur 2, Tel. 5511855, www.facebook.com/kofinn.ktf, Mo.-Do. 10-1 Uhr, Fr./Sa. 10-4.30, So. 10-24 Uhr, WLAN. Gemütliches Café im Souterrain, in dem jede Menge Magazine als Lesefutter ausliegen. Beliebt sind die Schokoladentorte und die heiße Schokolade. Das Café verwandelt sich freitags und samstags in eine gut besuchte Musik-Bar.

76 [D4] **Mokka Kaffi,** Skólavörðustígur 3a, Tel. 5521174, www.mokka.is, tgl. 9-18.30 Uhr. Das 1958 gegründete Café war das erste Islands, das über eine italienische Kaffeemaschine verfügte und diese Art von Kaffeegenuss in Island eingeführt hat. Die zahlreichen Stammgäste lieben den Kaffee, die heiße Schokolade und die hausgemachten Waffeln.

77 [D5] **Reykjavík Roasters,** Kárastígur 1, Tel. 5175535, www.reykjavikroasters.is, Mo.-Fr. 8-18, Sa./So. 9-18 Uhr. Kleines Café, das man wegen der selbstgerösteten, ausgewählten Kaffeesorten besucht. Daneben werden auch kleine Snacks angeboten.

78 [B3] **Stofan Kaffihús,** Vesturgata 3, Tel. 5461842, facebook.com/stofan.cafe, Mo.-Mi. 9-23, Do.-Sa. 9-24, So. 9-22 Uhr, WLAN. Stofan, das Wohnzimmer, ist ein mit Vintage-Möbeln eingerichtetes, gemütliches Café auf zwei Ebenen. Der richtige Platz zum Abhängen, wenn man durch Regen oder Kälte nach drinnen vertrieben wird. Ausreichende Auswahl an Kuchen sowie kalten und warmen Speisen.

EXTRATIPP

Eine reine Weste

79 [C4] **Laundromat Café,** Austurstræti 9, www.thelaundromatcafe.com, Mo.-Do. 8-24, Fr. 8-1, Sa. 9-1, So. 9-24 Uhr, WLAN. Das Café bietet neben drei Industriewaschmaschinen und -trocknern eine entspannte Atmosphäre zum Abhängen, Entspannen und Genießen, eine große Karte, Bücher und Zeitschriften zum Lesen sowie einen Spielraum für Kinder.

Auf einen Drink, zum Essen oder für einen schönen Abend: das Kaffi Sólon ist zu jeder Zeit ein beliebter Treffpunkt (siehe oben)

079rj Abb.: as

Reykjavík am Abend

Nachtleben

Das Nachtleben in Reykjavík wird viel gepriesen und als einmalig dargestellt. Und wenn man sich vor Augen hält, dass Reykjavík eigentlich eine im europäischen Vergleich äußerst übersichtliche Großstadt ist, die lediglich 120.000 Einwohner zählt, dann kann man zu Recht sagen, dass es hier am Wochenende heiß hergeht. Isländer feiern gern und lassen dafür keine Gelegenheit aus.

Dies ist auch daran zu erkennen, dass der **Dresscode** normalerweise „dress-up" heißt: Egal wie kalt es ist, die Mädels tragen tapfer kurze Röcke und Stöckelschuhe. Jeans und Sneakers können ein Grund dafür sein, warum man in einen Klub nicht hineinkommt (ist selbst Hollywoodstar Mel Gibson schon mal passiert).

Das **Nachtleben kommt relativ spät, erst gegen Mitternacht, in Gang**, weil die meisten schon zu Hause die ersten Alkoholrunden konsumieren, was dann sozusagen als Grundstock dient. Donnerstag, Freitag und Samstag sind die Tage bzw. Nächte, an denen das Nachtleben auf vollen Touren läuft. In vielen Klubs, Bars und Discos hört man **Livemusik**, vor den Veranstaltungsorten stehen Warteschlangen und durch die ganze Innenstadt ziehen Gruppen junger Leute.

Ein typisches Phänomen ist die **endlose Autoschlange auf der Laugavegur.** Denn, um zu sehen und gesehen zu werden, fährt man erst einmal ein paar Runden mit dem Auto die Laugavegur und Bankastræti hinunter und die Hverfisgata wieder hinauf, um dann nochmals die gleiche Runde zu drehen. Dies lässt sich beliebig oft wiederholen, bevor man schließlich den Wagen abstellt, um beim ersten Klub anzustehen. Das **Anstehen vor dem Klub** gehört mit zum Ausgangsritual, dort lassen sich dann gut die ersten Kontakte knüpfen.

Viele Bars und Klubs lassen sich nicht auf eine Musikrichtung festlegen. Es werden Livebands und DJs irgendwo zwischen Punk-Rock, Hip-Hop, Indie und Disco-Oldies geboten. Glücklicherweise liegen die meisten **Locations dicht beieinander,** im Falle des Falles braucht man nur ein paar Türen weiter sein Glück zu versuchen.

Die englischsprachige Gratiszeitung **Grapevine** (liegt überall aus, s. S. 110) gibt einen umfassenden **Überblick über das aktuelle Programm.**

Bars, Klubs und Kneipen

- 80 [D4] **Bravó,** Laugavegur 22, www.facebook.com/bravolaugavegi, So.-Do. 11-1, Fr./Sa. 11-3 Uhr. Entspannte Atmosphäre, lokal hergestellte gezapfte Biere, am Wochenende Livekonzerte oder DJs, die auflegen.
- 81 [D4] **Café Rósenberg,** Klapparstígur 25-27, Tel. 5512442, www.caferosenberg.is, Mo.-Fr. ab 15, Sa. ab 16, Küche ab 17 Uhr. Hier gibt es an vielen Abenden durch die Woche Liveauftritte von Bands oder Soloartisten, häufig aus dem Bereich Jazz und Blues.
- 82 [D4] **Den Danske Kro,** Ingólfsstræti 3, Tel. 5520070, www.danski.is, tgl. 12-1, Fr./Sa. bis 4.30 Uhr. Typisch dänische Kneipe. Die Terrasse ist schon zur Happy Hour (16-19 Uhr) voll besetzt. An mehreren Abenden die Woche Livemusik.
- 83 [D4] **Dillon Whiskey Bar,** Laugavegur 30, Tel. 8211111, www.facebook.com/DillonWhiskeyBar, So.-Do. 14-1, Fr./Sa. 14-3 Uhr. Dillon ist *der* Ort für Rock, Metal und Punk. An der Bar ist eine Auswahl von 50 Whiskeys zu haben. Im Sommer ist der Hinterhof geöffnet.
- 84 [C3] **Húrra,** Tryggvagata 22, www.hurra.is, So.-Do. 18-1, Fr./Sa. 18-4.30 Uhr. Beliebt bei einem jungen Publikum aus der Künstler- und Musikszene. House, R&B, Electronic, Pop oder worauf es sich sonst noch abtanzen lässt.
- 85 [D4] **Kaffibarinn,** Bergstaðastræti 1, Tel. 5511588, www.facebook.com/kaffibarinn, So.-Do. 15-1 Uhr, Fr./Sa. 15-4.30 Uhr. Durch das Buch von Hallgrímur Helgason und den gleichnamigen Film „101 Reykjavík" wurde Kaffibarinn zur coolsten Bar gehypt. Noch immer ist der Laden am Wochenende so voll, dass kein Platz bleibt, sich auf der Tanzfläche zu bewegen.
- 86 [D4] **Kaldi Bar,** Laugavegur 20B (Eingang Klapparstígur), www.kaldibar.com, So.-Do.12-1, Fr./Sa. 12-3 Uhr, Happy Hour 16-19 Uhr. Das Bier der kleinen Brauerei Kaldi ist äußerst beliebt. Die Kneipe ist recht klein und daher eigentlich immer brechend voll.
- › **KEX,** Skúlagata 28, Tel. 5616060, www.kexhostel.is, WLAN. Café, Bar, Lounge sowie die Außenterrasse sind bei Hostelgästen wie Einheimischen gleichermaßen beliebt. Regelmäßig interessante Livekonzerte (s. S. 122).
- 87 [D4] **Kiki,** Laugavegur 22 (Eingang Klapparstígur), Do. 21-1, Fr./Sa. 21-4.30 Uhr. Queer-Klub, der gerne besucht wird, denn hier ist einer der wenigen Orte, wo man auf der Tanzfläche noch Platz zum Tanzen findet.
- 88 [C4] **Loftið,** Austurstræti 9, Tel. 5519400, www.loftidbar.is. Schicke Lounge-Bar, strenger Dress-Code, Cocktails.
- 89 [C3] **Micro Bar,** Vesturgata 2 (Keller), www.facebook.com/MicroBarIceland, Tel. 6951747, So.-Do. 16-0.30, Fr./Sa. 16-2 Uhr. Hier findet man internationale Spezialbiere und eine Reihe offener Biere kleiner isländischer Brauereien.
- 90 [D4] **Mikkeller & Friends,** Hverfisgata 12, Tel. 4370203, www.mikkeller.dk, So.-Do. 17-1, Fr./Sa. 14-1 Uhr.

20 offene Biersorten. Verteilt über verschiedene Stockwerke, sodass man immer eine Ecke zum Quatschen mit Freunden findet. Leckere Pizzen dazu gibt es von Hverfisgata 12 in denselben Räumlichkeiten.

91 [C3] **Paloma,** Naustin 1–3 (im Dubliner-Haus), www.facebook.com/Palomaclub.is/about, Do. 20–1, Fr./Sa. 20–4.30, So. 20–1 Uhr. Auf zwei Stockwerken legen lokale DJs zur Tanzparty auf. Man kann aber auch entspannt chillen.

92 [D4] **Prikið,** Bankastræti 12, Tel. 5512866, www.prikid.is, Mo.–Do. 8–1, Fr. 8–4.30, Sa. 11–4.30, So. 11–1 Uhr. Tagsüber eine Art American Diner aus den 1950er-Jahren und durch die frühen Öffnungszeiten eine gute Adresse für ein solides Frühstück mit Eiern und Speck, abends ein Klub für ein recht junges Publikum.

93 [B3] **Slippbarinn,** Mýrargata 2, Tel 5608080, www.slippbarinn.is, So.–Mi. 11.30–24, Do.–Sa. 11.30–1 Uhr. Die Bar des Marinahotels (Cocktails, Bier, leckere Bar-Snacks) ist nicht nur zur Happy Hour (15–18 Uhr) bei Touristen und Einheimischen sehr beliebt.

94 [D4] **Vegamót,** Vegamótastígur 4, Tel. 5113040, www.vegamot.is, geöffnet: So.–Do.11–1, Fr./Sa. 11–4 Uhr, Küche: So.–Do. bis 22, Fr./Sa. bis 23.30 Uhr. Hier locken eine ausgiebige Bistrokarte (Suppen, Salate, Hamburger, Bagels, Wraps, Steaks, Fisch), samstags und sonntags Brunch und bei schönem Wetter die Terrasse (dann brechend voll). Am Wochenende ist das Vegamót ein angesagter Klub (Altersgrenze: 22 Jahre).

Smoker's Guide

In Island gilt in der gesamten Gastronomie, in Hotels sowie in öffentlichen Einrichtungen **Rauchverbot**. Man ist gewohnt, im Freien zu rauchen, auch wenn es teilweise ganz schön kalt werden kann. Manchmal werden Decken zur Verfügung gestellt oder es gibt einen Winkel, der mit einem Heizstrahler ausgestattet ist.

Konzerte und Vorstellungen

Isländer sind äußerst musikbegeistert und oft auch selbst in Bands, Orchestern, Ensembles und Chören aktiv. Diese geben viele Konzerte und die Menschen besuchen auch mit Vergnügen und Interesse die unterschiedlichen Vorstellungen. Die Einheimischen sind hier sehr offen für alles Neue und Inspirierende. Dementsprechend zeigen sich Musiker und Künstler oft äußerst experimentierfreudig. Auf diese Weise ist in Island **eine interessante, lebendige und spannende Musikszene** entstanden. Björk, Sigur Rós, Emilíana Torrini, Hilmar Örn Hilmarsson, FM Belfast, Amiina, Lay Low, Of Monsters and Men, Rökkurró, Árstíðir, AdHd oder Jóhann Jóhannsson ist es mittlerweile gelungen, sich in der internationalen Musikszene zu etablieren.

Oft finden in Cafés, Konzerthallen oder an anderen Orten Liveauftritte statt. Und das ganze Jahr über locken **Festivals und Konzertreihen** (siehe Abschnitt „Zur richtigen Zeit am richtigen Ort“ auf Seite 74) Besucher aus dem In- und Ausland an. Die besten Informationen zum laufenden Musikprogramm findet man unter:

- **www.grapevine.is** (oder in der Papierversion der Zeitung)
- **www.musik.is**
- **www.midi.is** (Tickets)

95 [H8] **Iceland Dance Company (Íslenski Dansflokkurinn),** Stadttheater *(Borgarleikhús),* Listarbraut 3, Tel. 5880900, www.id.is. Die Truppe besteht aus klassisch geschulten Tänzern und Tänzerinnen, konzentriert sich jedoch seit 1996 auf moderne, zeitgenössische Werke isländischer und ausländischer Choreografen, womit sich das Ensemble international einen hervorragenden Namen erarbeitet hat.

› **Isländische Oper (Íslenska Óperan),** Konzerthalle Harpa 10, Tel. 5285050 (14–18 Uhr), www.opera.is. Die Isländische Oper ist ein noch recht junges Opernhaus, das aus einem 1978 gegründeten Klub hervorging. Heute führt die Oper zwei bis vier Vorstellungen (meistens in Originalsprache mit isländischen Untertiteln) pro Jahr in Harpa auf. Einmal pro Monat finden dienstags um 12.15 Uhr Lunchkonzerte statt.

› **Isländisches Symphonieorchester (Sinfóníuhljómsveit Íslands),** Konzerthalle Harpa 10, Tel. 5285050, www.sinfonia.is. Das Isländische Symphonieorchester gehört durch seine hohe Qualität und die innovative Programmgestaltung zu den führenden nordischen Orchestern. Wenn das Orchester nicht gerade im Ausland (unter anderem auch in Deutschland), auf Tournee ist, finden regelmäßig Konzerte in Reykjavík statt.

96 [D4] **Mengi,** Óðinsgata 2, Tel. 5883644, www.mengi.net. Mengi ist ein von Ólöf Arnalds, Skúli Sverisson und Bjarni Gaukur Sigurðsson gegründetes kleines, intimes Konzertpodium, das mehrmals pro Woche Konzerte meist isländischer Musiker bietet.

Hält die Nation noch immer unschlagbar warm und trocken: isländische Schafswolle

Reykjavík für Kauflustige

Reykjavík ist die weltweit vielleicht kleinste Metropole, die diese Bezeichnung verdient. Und so ist sie geradezu ideal zum Shoppen zu Fuß geeignet – wenn das Wetter mitspielt. Hippe, Outdoor- und traditionelle Kleidung, cooles Design, urgemütliche Cafés und Kneipen (oftmals mit gratis WLAN-Internet), isländischer (Lava-)Schmuck, Uhren, Galerien usw. machen die Stadt zum nie langweiligen Einkaufsmekka.

Einkaufsmeilen

Die meisten Läden findet man ab dem Platz Hlemmur auf der **Laugavegur** [D4] in Richtung Westen. Ab hier kann man gemütlich die Straße hinunterschlendern oder im Zickzack zwischen den Straßenseiten hin- und herwechseln. Glücklicherweise fahren die Autos auf dieser Straße besonders langsam, was vor allem an der besonderen Form des **Windowshoppings** liegt. Es hat sich hier so eingebürgert, ob das Wetter nun gut oder schaurig ist, dass man fast im Schritttempo durch die Laugavegur kriecht, um vom Auto aus die Schaufenster zu begutachten. Es kommt auch schon mal vor, dass das Auto vor einem kurz stehen bleibt, um die Schaufensterauslagen etwas genauer begutachten zu können. Findet man etwas Ansprechendes, sucht man sich spontan einen Parklatz. Isländische Autofahrer lassen Fußgängern zudem immer ganz entspannt die Möglichkeit, die Straßenseite zu wechseln.

Die Laugavegur geht über in die **Bankastræti** und heißt nach der großen Kreuzung mit der Lækjarga-

ta [C4] (rechter Hand befindet sich das Regierungshaus, die Residenz des Premierministers) **Austurstræti.** Rechts ist außer einem kleinen Café ein Informationszentrum von Iceland Excursions, in dem man Ausflüge buchen sowie Broschüren und Informationen erhalten kann. Das Eckgebäude zur Linken ist vor ein paar Jahren abgebrannt und danach in historischem Stil rekonstruiert worden, wodurch wieder eine Verbindung zu den anderen historischen Gebäuden dieses Viertels hergestellt wird.

Links davon an der Lækjargata sieht man das markante **Iða-Haus,** in dem sich jetzt das Hardrock Café befindet. Entlang der Austurstræti befinden sich weitere Ladengeschäfte. Überquert man den Platz Ingólfstorg am Ende der Austurstræti, stößt man auf die **Aðalstræti** ❶. Bei ihr handelt es sich um die älteste Straße der Stadt, die sich von diesem Ort aus weiterentwickelt hat. Die Ausgrabungen eines der ältesten Gehöfte bilden die Basis für die **871±2 Besiedlungsausstellung** ❷, wo man viel Interessantes über das Leben der ersten Siedler lernen kann.

Parallel zu Austurstræti, Bankastræti und Laugavegur verlaufen **Hafnarstræti** [C4] und **Hverfisgata** [D/E4]. Vor allem im ersten Stück der Hafnarstræti befinden sich Kneipen und Souvenirläden sowie der **bekannteste Pylsur-Stand der Stadt** (s. S. 53), der – vor allem wohl aus nostalgischen Gründen – Jahr für Jahr als bester Stand ausgezeichnet wird. Wo Hafnarstræti und Tryggvagata aufeinanderstoßen, werden ein Hotel- und Ladenkomplex sowie die neue Zentrale von Landsbankinn mit weiteren Geschäftsräumen gebaut. Weiter oben auf der Hverfisgata befinden sich Restaurants, ein Fahrradverleih sowie Museen und Galerien, Cafés und Kneipen und Geschäfte. Zwischen 2013 und 2015 wurde die gesamte Straße generalüberholt und seither siedeln sich immer mehr Geschäfte und Lokale hier an, weshalb die Straße nun endlich auch für Besucher Interessantes bietet.

Manchmal lohnt sich die Mühe, von der Laugavegur aus auch in die abgehenden Straßen abzuzweigen und zu schauen, ob sich dort vielleicht ein ansprechender Laden eingerichtet hat, vor allem in den Querstraßen zum Meer hin. Eine richtig schöne Einkaufsstraße ist auf jeden Fall die von der Laugavegur abgehende **Skolavörðurstígur** [D4/5], die hoch bis zur Hallgrímskirkja ⓮ führt.

Einkaufstipps

Der Schwerpunkt unserer Tipps liegt auf dem Besonderen, dem **typisch isländischen,** sowohl in moderner als auch klassischer Variation. Die meisten Designer erschaffen ihre kreativen Entwürfe aus der **Auseinandersetzung mit der isländischen Natur** und Landschaft, mit deren Formen und Farben, heraus. Einen guten ersten Überblick über das breit gefächerte Angebot isländischer Designer bietet:

97 [D4] **Kraum,** Laugavegur 18b, Tel. 5177797, www.kraum.is. Das schöne Designparadies bietet einen hervorragenden Überblick über alles, was isländische Designer/-innen aktuell sowohl an Kleidung, Schuhen und Accessoires als auch an Kunsthandwerk zu bieten haben.

Zwei weitere Perlen für Designliebhaber sind:

98 [B3] **Kirsuberjatréð,** Vesturgata 4, Tel. 5628990, www.kirs.is. Auch hier bekommt man einen guten Überblick über die Bandbreite aktuellen isländischen Designs. Elf Designerinnen zeigen in diesem Laden ihre Kreationen. Von Fischledertaschen über Textil, Glas, Keramik, Design-Christbaumkugeln und sogar Radieschenpapierschalen wird hier hochwertiges Design angeboten.

99 [B3] **Kogga,** Vesturgata 5, Tel. 5526036, www.kogga.is. Ein Close-up der zerbrechlichen, vom Wind zerklüfteten isländischen Natur ist die Inspirationsquelle der wahrhaft bewegenden und schönen Tonobjekte Kolbrún Björgólfsdóttirs. Ihre Werke zieren u. a. Museumskollektionen und Königshäuser.

EXTRATIPP

Taxfree: 14 % Rabatt

Und immer daran denken: Island ist (noch) nicht in der EU. Kauft man pro Einkauf für einen Rechnungsbetrag von über 6000 ISK, sollte man unbedingt ein Tax-Free-Formular verlangen. Das spart beim Ausführen der Waren nochmal bis zu 14 % des Rechnungsbetrags (s. S. 107).

Einkaufszentren

Mag man es lieber überdacht, weil das Wetter mal wieder nicht mitspielt, kann man zum Shoppen auch ins **Kringlan** fahren, ein großes überdachtes Einkaufszentrum innerhalb der Stadtgrenzen (mit Buslinien 1, 2, 3, 4, 6, 13 und 14 gut zu erreichen). Das größte Shoppingcenter Islands, **Smáralind,** befindet sich in Kópavogur südlich der Hauptstadt und ist mit Auto und Buslinie 2 von Reykjavík und den Linien 24 und 28 von Kópavogur aus erreichbar. In beiden Shoppingmalls gibt es auch Kinos. (Filme werden in Island nicht synchronisiert, sondern lediglich untertitelt.)

100 [I8] **Kringlan,** Kringlan 4–6, www.kringlan.is, Mo.–Mi. 10–18.30, Do. 10–21, Fr. 10–19, Sa. 10–18, So. 13–18 Uhr

101 [L8] **Skeifan.** Das große Einkaufsgebiet außerhalb der Innenstadt Reykjaviks (Postleitzahl 108) ist mit Auto und Bus gut erreichbar. Hier ist u. a. in Faxafen 12 auch das Outletcenter von 66° North (s. S. 65) zu finden.

102 [J15] **Smáralind,** Hagasmára 1, www.smaralind.is, 201 Kópgavogur, Mo.–Fr. 11–19, Do. 11–21, Sa. 11–18, So. 13–18 Uhr

EXTRATIPP

An der Rückseite des 66°North-Ladens im Einkaufsgebiet Skeifan (s. S. 64) befindet sich das **Outlet-Center von 66°North.** Hier gibt es Ware vom vorigen Jahr zu oftmals angenehm günstigeren Preisen!

Outdoorkleidung

Es gibt vier größere isländische Outdoormarken, die alle das **Drei-Lagen-System** handhaben: warme Unterwäsche, Mittelschicht und Außenschicht. So kann man sich nach dem Zwiebelschalenprinzip ständig der aktuellen Wetterlage anpassen. Alle Firmen produzieren hochqualitative Kleidung.

103 [D4] **66°North,** Laugavegur17–19, Tel. 5356670, www.66north.com. International verbreitetste Marke Islands. Es gibt außerdem noch einen kleineren Laden im Einkaufszentrum Kringlan (s. S. 64) und einen größeren im Einkaufsgebiet Skeifan (s. S. 64).

104 [C4] **Cintamani,** Bankastræti 7, Tel. 5333390, www.cintamani.is. Großer Laden in der alten Innenstadt. Frische Farben für die verschiedenen Lagen der Outdoorbekleidung.

105 [C4] **Icewear (1),** Þingholtsstræti 2–4, Tel. 5557411, www.icewear.is. Outdoorkleidung und Strickwaren, die sich an norwegischen Mustern orientieren.

106 [C4] **Icewear (2),** Austurstræti 5. Zweiter großer Laden in der Austurstræti.

107 [D4] **Zo-on,** Bankastræti 10, Tel. 4125865, www.zo-on.is. Eine weitere Filiale befindet sich im Kringlan-Zentrum (s. S. 64). Zweimal im Jahr, im Januar und September (Anzeigen in der Tageszeitung Fréttablaðið), findet im Stammhaus ein sehr günstiger Lagerausverkauf statt.Dann muss man sich allerdings in die Nýbýlavegur 16, 200 Kópavogur aufmachen (10 Gehminuten vom Busbahnhof Hamraborg).

EXTRAINFO

Auf Durchzug

Man sollte sich nicht wundern, wenn ein scheinbar verlassener Kinderwagen mit schlafendem Baby auf dem Gehweg steht. Auf dass auch die Kleinen richtige Wikinger werden, lassen ihre Eltern die Kinder draußen bei Wind und Wetter weiterschlafen, während sie ihre Einkäufe tätigen.

Traditionelle Wollkleidung

Das isländische Schaf wird seit über 1000 Jahren mit keiner anderen Rasse gekreuzt, dadurch ist auch **seine Wolle einzigartig.** Die wichtigsten Eigenschaften: Die Wolle ist relativ leicht, hält ungemein warm, ist sehr wasserabstoßend, aber gleichzeitig atmungsaktiv.

Natürlich gibt es Islandpullis und andere Produkte aus isländischer Schafswolle in jedem Souvenirshop und anderen Läden. **Direkt vom jeweiligen Hersteller** kauft man aber bei:

108 [D4] **Álafoss,** Laugavegur 8, Tel. 5626303, www.alafoss.is. Traditionelle Wollprodukte (Kleidung, Decken), Souvenirs. Das Factory-Outlet von Álafoss (größere Auswahl) befindet sich in Mosfellsbær, das nordöstlich an Reykjavík angrenzt (Álafossvegur 23, Mosfellsbær, Tel. 5666303). Álafoss besteht seit 1896.

109 [C1] **Farmers Market,** Hólmaslóð 2, Tel. 5521960, www.farmersmarket.is. Bergþóra Guðnadóttir war früher Designerin bei 66°North. Sie schaffte es mittels ihrer eigenen, 2005 ins Leben gerufenen Marke Farmers Market, traditionelle Muster und Materialien frisch und modern zu gestalten. Die Produkte sind unter anderem auch bei Kraum (s. S. 64) und Geysir (s. S. 70) erhältlich.

110 [D4] **The Handknitting Association of Iceland (1),** Skólavörðustígur 19 und
111 [E4] **The Handknitting Association of Iceland (2),** Laugavegur 53b, Tel. 5521890, www.handknit.is. Zusammenschluss von etwa 250 Strickern und Strickerinnen, die ihre Produkte direkt vermarkten. Vor allem im erstgenannten Laden ist das Angebot reichhaltig: typische Islandpullis, Westen, Schals, Handschuhe, Socken, Wolldecken und Wolle zum Stricken oder Filzen.

Isländische Designermode und Accessoires

Island kann eine **unglaubliche Dichte an Designern** vorweisen. Manche von ihnen hatten bereits ihren internationalen Durchbruch, andere gelten (noch) als Geheimtipp. Die Wahrscheinlichkeit, dass diese isländische Mode bei uns in Mitteleuropa in ein bis zwei Jahren ebenfalls angesagt ist, ist nicht so gering. Die Fähigkeit der Isländer, sich schnell an Situationen anzupassen, zeigt sich hier in fast unbändigem, sich **ständig neu erfindendem Modebewusstsein.**

› **Ásta.** Die Kreationen der Modedesignerin Ásta Vilhelmína Guðmundsdóttir sind erhältlich bei Kraum (s. S. 64) und Kirsuberjatréð (s. S. 64). Ihre Kollektionen (meist aus isländischer Wolle) sind von der isländischen Landschaft mit ihren verwitterten Farben und rauen Formen inspiriert. Da das meiste Handarbeit ist, auch die Färbung der Wolle, handelt es sich ausschließlich um Einzelstücke.

112 [E4] **Aftur,** Laugavegur 39, Tel. 7751000, www.facebook.com/afturiceland. Angefangen hat das Label mit Upcycling-Mode im Gothic-Stil, aber inzwischen sind weitere Marken wie Raquel Allegra, Pomandère oder Black Crane hinzugekommen.

113 [O8] **Atson,** Suðarvogur 32 (Eingang über Kænuvogur), Tel. 5610060, www.atson.is, Mo.–Do. 13–15 Uhr. Bereits Edda Hrönn Atladóttirs Vater stellte Lederwaren aus Fischhaut her. Diese ist recht dünn, aber widerstandsfähig. Seit einigen Jahren erobern Fischhautentwürfe die Designerboutiquen. Hier findet man Geldbeutel, Schlüsselanhänger, Kalender, Mappen, Taschen und Gürtel, die faszinierend gestaltet und qualitativ hochwertig und innovativ verarbeitet sind. Eine Auswahl gibt es bei Kraum (s. S. 64) und im Eymundsson-Buchladen (Laugavegur 77, s. S. 69). Das Hauptgeschäft ist außerhalb der Innenstadt angesiedelt.

114 [D4] **Dogma,** Laugavegur 39, Tel. 5626600, www.dogma.is. T-Shirts mit witzigen Sprüchen, die sich zu einem großen Teil auf Island oder die isländische Sprache beziehen, und Geschenkartikel.

115 [E4] **Freebird,** Laugavegur 46, Tel. 5718383, Facebook: freebirdnyc. Durchscheinende, fließende Stoffe, Stickereien, Pailletten und sanfte Pastelltöne charakterisieren die femininen Entwürfe des Labels.

116 [D4] **Gjóska,** Skólavörðustígur 20, www.gjoska.is. Feurige Lavaströme und das tanzende Nordlicht inspirieren die nadelgefilzten Textilentwürfe dieses Labels.

117 [E4] **KronKron,** Laugavegur 63b (Eingang Vitastígur), Tel. 5628388, www.kronkron.com. Etabliert hat sich das Label mit Schuhen aus einem gewagten Farb- und Materialmix, den man auch in der im Geschäft angebotenen Kleidung wiederfindet.

118 [D4] **Skúmaskot,** Skólavörðustígur 21a (Eingang Ecke Njálsgata und Klapparstígur), Tel. 6631013, www.facebook.com/skumaskot.art.design. Ein Designerkollektiv stellt hier Damen- und Kinderkleidung, Accessoires, Schmuck sowie Keramik und Origami aus. Die Inneneinrichtung des Ladengeschäfts steht unter Denkmalschutz.

119 [D4] **Spaksmannsspjarir,** Bankastræti 11, www.spaksmannsspjarir.myshopify.com, Tel. 5512090. Ideenreiche Entwürfe in hochwertiger Verarbeitung für Frauen, die etwas passend zum isländischen Klima suchen.

120 [B2] **Steinunn,** Grandagarður 17, Tel. 5886649, www.steinunn.com. Steinunn Sigurðardóttir ist die ungekrönte Königin der isländischen Modedesigner. Bevor sie im Jahr 2000 ihre eigene Marke gründete, hat sie für Häuser wie Polo/Ralph Lauren, Donna Karen, Banana Republic, Gucci, Calvin Klein und La Perla gearbeitet.

121 [C4] **Tískubúðin P3,** Miðstræti 12 (Eingang über Skálholtsstígur), Tel. 8996858, www.facebook.com/TiskubudinP3. Isländische und ausländische Designermode – Vintage und neu.

122 [D5] **Yeoman,** Skólavörðustígur 22b, Tel. 5198889, www.facebook.com/pg/yeoman.boutique. Die Designerin Hildur Yeoman entwirft faszinierende Stoffe, aus denen sie feminine Mode kreiert. Dazu werden Schuhe, Schmuck, Accessoires, Kerzen und Parfüm angeboten.

Junge Designer

123 [D4] **Einvera,** Laugavegur 35, Tel. 8230574, www.einvera.is. Junge, sexy Mode, Vintage und neu.

124 [D5] **Jör,** Týsgata 1, Tel. 5461303, www.jorstore.com. Guðmundur Jörundsson startete sein Label mit einer Männerkollektion in klassischen Schnitten, die eine moderne, maskuline Ausstrahlung haben. Die klare, schlanke Linienführung dominiert auch die Damenkollektion.

125 [D4] **Kiosk,** Ingólfsstræti 6, Tel. 4453269, www.kioskreykjavik.com. Acht junge Designer zeigen hier ein stilistisch breit gefächertes Angebot. Das Geschäft befindet sich derzeit noch in der Skálhóltsstígur, soll aber demnächst in die Ingólfsstræti 6 umziehen. **Bei Drucklegung stand noch nicht fest, wann das Geschäft an neuer Stelle eröffnen wird.**

013rj Abb.: as

Warme Schuheinlage auch für Sommerschuhe – so können Isländerinnen an kalten Tagen statt Stiefeln elegante Schuhe tragen

014rj Abb.: as

Steinunn (siehe links) gilt als die international erfolgreichste isländische Designerin

016rj Abb.: as

Belastbar und hip: Accessoires aus Fischleder

015rj Abb.: as

EXTRAINFO

Isländischer Lavaschmuck

Isländische Lava hat recht große Lufteinschlüsse und kann daher nur schwer zu Perlen verarbeitet werden. Meistens werden die unförmigen isländischen Lavastücke in Metall eingefasst. Bei den feinporigen Lavaperlen, die man oft sieht, handelt es sich normalerweise um japanische Lava.

126 [D4] **Leynibúðin,** Laugavegur 33 (bei Gallery Gallera), Tel. 7787872, www.leynibudin.is. Kleidung, Schmuck und Accessoires von zwei jungen Designern.

Schmuck

Zwei Umstände machen isländischen Schmuck einzigartig: Zum einen die **schwarze Lava,** die mit Edelmetallen und Edelsteinen kombiniert wird, und zum anderen die noch immer **lebendige Tradition der Wikinger** mit ihren speziellen Formen und Verzierungen, ihren Statuen, Abbildungen und ihrer Handwerkskunst.

127 [C4] **Aurum,** Bankastræti 4, Tel. 5512770, www.aurum.is. Aus Edelmetallen kreierte, filigrane, ineinanderfließende Blumen- und Blättermotive verleihen den Schmuckstücken eine klare wie auch feminine Form. Zum Juweliergeschäft gehört auch eine Designabteilung mit Accessoires, Schmuck, Deko-Artikeln und Kleinmöbeln.

Die isländische Natur in Mode umgesetzt – tragbare Kreationen der Designerin Ásta (s. S. 66)

128 [E4] **Guðbrandur Jósef Jezorski,** Laugavegur 48, Tel. 5523485. Der Schmuckdesigner entwirft zusammen mit seiner Tochter Tina ausschließlich Einzelstücke.

129 [E4] **Gullkistan,** Frakkastígur 10, Tel. 5513160, www.thjodbuningasilfur.is. Die interessantesten Produkte dieser kleinen Goldschmiede sind die traditionellen Silberverzierungen, mit denen die Mädchen und Frauen ihre Trachten schmücken.

130 [D4] **Gullkúnst Helgu,** Laugavegur 13, Tel. 5616660, www.gullkunst.is. Gold-, Silber- und Lavaschmuck in ungewöhnlichen Formen und großer Vielfalt.

131 [D4] **Hringa,** Laugavegur 33, Tel. 5511610, www.hringa.com. Moderne Schmucklinien mit einem humorvollen Einschlag.

132 [F5] **Orr,** Laugavegur 101, Tel. 5116262, www.orr.is. Die überdimensionierten Ringe sind echte Blickfänger und bei allen Schmuckstücken begegnet man beweglichen Teilen, sodass immer wieder eine neue Form entsteht.

133 [D4] **Ófeigur,** Skolavörðustígur 5, Tel. 5511161, www.ofeigur.is. Schmuck, Damenkleidung, Hüte und Taschen – alles unter einem Dach. Wechselausstellungen anderer Künstler im 1. Stock.

Buchhandlungen

In der Innenstadt gibt es zwei Buchhandlungen mit diversen Filialen, die **internationale Zeitschriften** und **englisch- oder deutschsprachige Bücher** (vor allem isländischer Autoren) verkaufen. Wer sich näher für das Land interessiert, findet in der entsprechenden Abteilung einige informative und illustrierte Bücher. Außerdem findet man dort CDs und DVDs, insbesondere isländischer Künstler, und kleinere Souvenirs. Die genannten Buchhandlungen haben ein Café, in dem man Zeitschriften lesen oder bei einem Latte macchiato im Internet surfen kann. Außerdem gibt es auch Büroartikel.

Die Buchläden und Cafés haben Mo.–Fr. 9–22 Uhr und Sa./So. 10–22 Uhr geöffnet.

134 [C4] **Eymundsson (1),** Austurstræti 18, Tel. 5402130, www.eymundsson.is. Zu der Buchhandlung gehört ein helles Café (So. 13–22 Uhr) mit einer großen Dachterrasse, die mit den ersten halbwegs warmen Sonnenstrahlen geöffnet wird. WLAN-Hotspot.

135 [D4] **Eymundsson (2),** Skólavörðustígur 11, Tel. 5402350. Die Buchhandlung ist zugleich ein beliebter Treffpunkt, weshalb die Caféplätze oft voll besetzt sind. WLAN-Hotspot.

136 [E5] **Eymundsson (3),** Laugavegur 77. Buchhandlung, in der auch Produkte von Atson (s. S. 66) verkauft werden.

137 [C3] **Iða Zimsen,** Vesturgata 2a, Tel. 5115004, facebook.com/IdaZimsen. Non-Fiction-Bücher, Comics und witzige Schreibwarenartikel. Im Winter machen es sich alle drinnen gemütlich und im Sommer kann man Kaffee und Kuchen auch auf der Terrasse genießen.

138 [D4] **Mál og Menning,** Laugavegur 18, Tel. 5805000, www.facebook.com/malogmenning. Das Geschäft bietet eine große Auswahl und in der oberen Etage ein **gemütliches Café,** in dem man gratis im Internet surfen kann. Viele Einheimische nutzen die Gelegenheit, um aus dem Zeitschriftenregal ein paar Magazine mitzunehmen und sie dann gemütlich bei einem Latte macchiato durchzublättern. In allen drei Buchhandlungen gibt es im Untergeschoss praktischerweise auch eine kleine Büroartikelabteilung. WLAN-Hotspot.

CDs und DVDs

139 [D4] **12 Tónar,** Skólavörðustígur 15, Tel. 5115656, www.12tonar.is. Unser Favorit ist dieser urgemütliche Plattenladen mit Oma-Sofa, auf dem man gemütlich sitzen und sich bei einer Tasse frisch gebrühtem Kaffee alle Zeit lassen kann, um in die CDs und LPs reinzuhören. Eingeschweißte CDs darf man ohne Nachfrage öffnen. Lárus, Jóhannes und ihre Mitarbeiter sind allesamt passionierte Musikliebhaber, die sich gerne die Zeit für ein Schwätzchen nehmen und Unkundigere durch den Wald der vielen Bäume von Klassik über Jazz (große und gute Auswahl auch in diesen Sparten) bis hin zur neuesten isländischen Musikszene leiten. 12 Tónar produziert auch unter einem eigenen Label jede Menge isländischer Interpreten und hat schon manch großes Talent hervorgebracht.

140 [F5] **Lucky Records,** Rauðarárstígur 10, Tel. 5511195, www.luckyrecords.is. Der großzügige Laden um die Ecke von

EXTRAINFO

Untertitel helfen weiter

Interessiert man sich für isländische Filme, sollte man darauf achten, dass bei den Untertiteln *Enskur texti* (mit englischen Untertiteln), *Textar: Enska* (Untertitel: Englisch) oder sogar *Þýska* (Deutsch) steht. In isländischen Kinos und im Fernsehen werden Filme nicht synchronisiert, sondern untertitelt.

062rj Abb.: as

Im Plattenladen 12 Tónar (s. S. 69) kann man sich Zeit lassen beim Durchforsten der lebendigen isländischen Musiklandschaft

Hlemmur bietet eine riesige Auswahl an neuen und gebrauchten CDs und Vinyl sowie gebrauchten DVDs. Auch Poster und Musik-T-Shirts gehören zur Auswahl. Reinhören kann man auch hier bei einer Tasse Kaffee.

141 [D4] **Smekkleysa Plötubúð,** Laugavegur 35, www.smekkleysa.net, Tel. 5513730. Auch hier gibt es ein Sofa zum Abhängen und Reinhören und sogar einen Plattenspieler. Kleine, aber gute Auswahl verschiedener Musikrichtungen. Es werden auch DVDs angeboten.

Souvenirläden

Die Zahl der Souvenirläden in der Innenstadt hat in den letzten Jahren enorm zugenommen. Inzwischen findet man quasi an jeder Ecke gleich mehrere zur Auswahl. Normalerweise werden dort Islandpullis, Mützen, Handschuhe, Schals, Decken, isländische Outdoorkleidung, Kunsthandwerk, Blue-Lagoon-Pflegeprodukte, Lamm- und Seehundfelle und Island-Schlüsselanhänger verkauft. Manche Läden sind sogar recht liebevoll und übersichtlich eingerichtet. Die Preise sind meist ähnlich, da die einzelnen Läden jedoch nicht weit voneinander entfernt liegen, lohnt sich im Einzelfall ein Preisvergleich.

142 [D4] **Fóa,** Laugavegur 2, Tel. 5711433, www.facebook.com/foaiceland. Handgefertigte Geschenk- und Designartikel, Kosmetika, Drucke.

143 [D4] **Geysir (1),** Skólavörðustígur 16, Tel. 5196000, www.geysirshops.is. Ein Ableger des Souvenirladens beim Geysir 23. Filiale:

144 [D4] **Geysir (2),** Skólavörðustígur 7. Beide Geschäfte sind schön und großzügig gestaltet. Das Angebot umfasst Kleidung und Accessoires.

145 [D4] **Iceland Giftstore Rammagerðin,** Skólavörðustígur 12, Tel. 5356689, www.icelandgiftstore.is. Großer Laden mit umfassendem Angebot.

146 [D4] **Ravens,** Laugavegur 15, Tel. 5511080, www.ravens.is. (Handwerks-) Kunst aus Kulusuk (Grönland) und Island sowie von Grönland inspirierte Mode (z. B. Isaksen Design).

Diverses

147 [E4] **Herrafataverzlun Kormáks & Skjaldar,** Laugavegur 59 (Kellergeschoss), Tel. 5111817, www.facebook.com/kormakurogskjoldur. Hier findet man alles, was man braucht, um sich wie ein englischer Gentleman zu kleiden. Außerdem öffnet hier zeitweise ein authentischer Barber's Shop, wo man neben einem Haarschnitt auch eine Nassrasur bekommen kann (Buchung über das Bekleidungsgeschäft).

148 [E5] **JS Watch Co.,** Laugavegur 62, Tel. 5514100, www.jswatch.com. Den Uhrenladen von Gilbert O. Guðjónsson gibt es bereits seit den 1960er-Jahren. Seit 2005, als sein Sohn Sigurður Björn Gilbertsson, der selbst Uhrmacher ist, und zwei seiner Freunde mit in das Geschäft einstiegen, entwerfen und bauen sie gemeinsam Uhren, die sie ausschließlich in ihrem eigenen Geschäft auf der Laugavegur verkaufen – und das mit wachsendem Erfolg und internationaler Anerkennung. Ihre Uhren fertigen sie nur aus bestem Material: deutsche Gehäuse, Zeiger und Ziffernblätter und Schweizer Uhrwerke, die auch in all den viel teureren Uhren der großen, bekannten Marken zu finden sind. Die Preise beginnen ab 150.000 ISK, da lohnt es sich, wenn man den Tax-Free-Rabatt von 14 % noch abziehen kann. Aber auch wenn man nur einmal im Laden vorbeischauen möchte, kann ein kleiner Plausch mit Gilbert (auf Englisch möglich) richtig Spaß machen.

149 [D4] **Mink,** Laugavegur 11 (Eingang um die Ecke: Smiðjustígur, 2. Stock), Tel. 7862525, www.mink.is. Der Fotograf Guðmann macht in seinem Wikinger-Porträtstudio mit Hilfe von Utensilien wie Kleidung, Waffen und Schmuckstücken Fotos nach dem Motto: „Erwecke den Wikinger in dir". Am Ende der Session erhält man sechs digitale Fotos von sich.

EXTRATIPP

Campingausrüstung

Wer lange Wandertouren unternehmen will oder campen gehen möchte, kann die dazugehörige Ausrüstung ganz bequem in Reykjavík leihen. Vorbestellung ist in der Hochsaison allerdings sehr zu empfehlen.

155 [D4] **Fjallakofinn,** Laugavegur 11, www.fjallakofinn.is, Tel. 5109505

156 [E4] **Gangleri Outfitters,** Hverfisgata 82, Tel. 5832222, www.outfitters.is

Supermärkte

Verschiedene Supermarktketten haben Filialen in der Innenstadt und den Einkaufszentren:

150 [C4] **10/11 (1),** Austurstræti 17, www.10-11.is. Nicht ganz billig, dafür das ganze Jahr 24 Stunden am Tag geöffnet. Bietet alles, was man vergessen haben könnte, sowie Lebensmittel und Fertiggerichte. Weitere Filiale im Zentrum:

151 [E4] **10/11 (2),** Barónsstígur 2–4

152 [E4] **Bonus (1),** Laugavegur 59, Mo.–Do. 11–18.30 Uhr, Fr. 10–19.30 Uhr, Sa. 10–18 Uhr, So. 12–18 Uhr, www.bonus.is. Bonus ist tendenziell die billigste Supermarktkette. Hier decken die meisten Isländer ihren Grundbedarf. Im Zentrum gibt es noch ein weiteres Geschäft:

153 [C4] **Bonus (2),** Hallveigarstígur 1. Es gibt weitere Filialen in Skeifan (s. S. 64), einem Einkaufsgebiet außerhalb des Zentrums, Kringlan (s. S. 64) und Smáralind (s. S. 64).

› **Hagkaup,** www.hagkaup.is, Mo.–Sa. 10–20 Uhr, Filialen in den Einkaufszentren (s. S. 64, Kringlan Do. bis 21 Uhr, Smáralind Fr. bis 21 Uhr und So. 12–20 Uhr, Skeifan täglich rund um die Uhr). Hagkaup ist eine etwas teurere Supermarktkette, dafür ist hier die Auswahl größer und besser. Große Auswahl an frischen Waren, Bio-Produkten, Haushaltswaren, Kleidung, Schuhen.

154 [B2] **Kronan,** Fiskislóð 15–21, www.kronan.is, tgl. 10–20 Uhr. Hier findet man ein großes Angebot an Obst und Gemüse sowie an Bio-Produkten.

Bioläden

Die Bioläden in der Innenstadt verkaufen auch **gluten- und laktosefreie Nahrungsmittel.** Auch in den Supermärkten findet man Bioprodukte und Lebensmittel, die auch für Allergi-

092rj Abb.: as

ker geeignet sind. Es kann allerdings sein, dass man für bestimmte Dinge ein paar Läden abklappern muss.

- **157** [D4] **Heilsuhúsið,** Laugavegur 20b (Ecke Klapparstígur), Tel. 5522966, www.heilsuhusid.is. Heilsuhúsið-Filialen finden sich auch in den Einkaufszentren Kringlan und Smáralind (s. S. 64). Haltbare Lebensmittel, Kosmetikprodukte und eine Saftbar, wo man frisch gepresste Säfte und Smoothies bekommt.
- **158** [D5] **Matarbúr Kaju,** Óðinsgata 8b (Eingang: Souterrain Ecke Óðinsgata und Spitalastígur), Tel. 8221668, www.facebook.com/matarburkajureykjavik. Bio-Lebensmittel, Gemüse, Obst, Fleisch und Milchprodukte.
- **159** [D4] **Mamma Veit best,** Njálsgata 1, Tel. 5551327, www.mammaveitbest.is. In der einen Hälfte des Geschäftes werden Nahrungsergänzungsmittel verkauft, in der anderen veganes Eis.

Reykjavík zum Träumen und Entspannen

Reykjavík ist eine äußerst schnell pulsierende, sich ständig neu erfindende Stadt voller Möglichkeiten und Angebote. Wer sich einmal eine Pause gönnen möchte, findet aber auch ruhige Orte zum Auftanken oder für ein paar romantische Stunden.

Ein Spaziergang in der parkähnlichen Anlage auf der östlichen Seite des **Tjörnin** [C4/5] kommt da gerade recht. Abends ist die kleine Brücke, die den Park unterteilt, mit sich ständig verändernden Farben beleuchtet. Auf den Parkbänken kann man sich ausruhen und mit Blick auf den See

Entspannung am Nauthólsvík (s. S. 116), dem Strandbad der Stadt

KURZ & KNAPP

Das Polarlicht, eine Himmelssymphonie in Tanz und Farbe

Das Polarlicht, auch **Aurora borealis** oder **Nordlicht** genannt, entsteht, wenn geladene Teilchen des Sonnenwindes in der Nähe des magnetischen Nordpols auf die Erdatmosphäre treffen und die dort vorhandenen **Luftmoleküle zum Leuchten anregen.** Am besten zu sehen ist das Nordlicht, wenn man sich außerhalb der Stadt befindet, sodass man den dunklen Nachthimmel ohne menschliche Lichteinflüsse beobachten kann. Man braucht außerdem einen klaren Himmel und Sonnenaktivität ein paar Tage zuvor.

Im Internet unter www.agust.net/aurora wurden verschiedene Websites zusammengetragen, die die Wahrscheinlichkeit von Nordlicht thematisieren.

Wenn man Glück hat, kann man auch in Reykjavík das Nordlicht beobachten, dann am besten auf den Fußwegen am Meer entlang (im Norden bei Sólfar 13 oder hinter dem Inlandsflughafen im Süden der Stadt). In Island ist das Nordlicht meist weiß, hellgrün, ampelgrün oder hellrosa und von Mitte September bis Anfang März zu sehen, denn in den übrigen Monaten wird es nicht mehr dunkel genug, um das Phänomen beobachten zu können.

101rj Abb.: as

und die schönen, alten Häuser auf der gegenüberliegenden Seite entspannen. Samstags ist es Tradition, dass junge Familien mit ihren Kindern zum Schwäne-, Gänse- und Entenfüttern hierher kommen.

Wer beim Entspannen auch den einen oder anderen Leckerbissen genießen möchte, dem seien das Café Paris (s. S. 57) oder eines der benachbarten Cafés ans Herz gelegt. Denn fast alle verfügen über **gemütliche Terrassen am Rand des zentralen Platzes Austurvöllur** mit Blick auf das Parlamentsgebäude 3 und den Dom 4. Man kann es sich aber auch einfach auf der Wiese des Parlamentsplatzes gemütlich machen und die Sonne genießen.

Zum Entspannen – und in den Wintermonaten auch zur Tiefenaufwärmung – eignet sich jedoch kaum etwas besser als die **typisch isländischen „Heißwasserbecken".** Jedes Reykjavíker Schwimmbad (s. S. 116) hat mehrere „heiße Töpfe" mit angenehm bis ziemlich warmem Wasser zum Sitzen und Liegen, zum Plaudern und Schweigen und den Himmel betrachten – herrlich entspannend! Und warum danach nicht ein romantisches Dinner in einem der guten Restaurants mit schönem Ausblick? Hierfür bieten sich vor allen Dingen die Lokale Aalto Bistro (s. S. 51, im Nordischen Haus) und Nauthóll (s. S. 54) an, die beide den Blick auf ein Stück Natur in der Stadt ermöglichen.

Ab Mitte September bis März kann man sich bei entsprechender Wetterlage (hohe Sonnenaktivität, freier Himmel) außerdem durch das abendliche Schauspiel des **Polarlichts** (Aurora borealis) faszinieren lassen. Hierfür sucht man am besten einen Ort auf, an dem selbst wenig Licht ist (wenn möglich außerhalb der Stadt), sodass man das Himmelslicht besser sehen kann.

In den hellen **Sommernächten**, wenn Sonnenunter- und -aufgang ineinander übergehen, bieten ein Spaziergang am Meer oder ein Bad in einer natürlichen heißen Quelle etwa im Reykjadalur (s. S. 42) eine unschlagbar romantische Kulisse. Das Gebiet (rund um) Þingvellir 22 strahlt außerdem zu jeder Jahreszeit eine eigene, ganz andere Schönheit aus.

Zur richtigen Zeit am richtigen Ort

Reykjavík ist nicht nur im Sommer eine Reise wert, in Island birgt jede Jahreszeit Interessantes, Schönes und Spannendes. Die nicht untergehende Sonne im Sommer, das Nordlicht im Winter, jährlich wiederkehrenden Feste und kulturelle Höhepunkte – sie alle üben ihren Reiz aus.

Januar

- **6.1. Þrettándinn (Dreizehnter):** Der letzte Tag der Weihnachtszeit wird mit den Resten des Neujahrsfeuerwerks und großen Feuern, die die Weihnachtszeit symbolisch beenden, gefeiert. Man sagt, dass in dieser Nacht Elfen und Trolle auftauchen, die die Menschen in ihre Welt locken wol-

KURZ & KNAPP

Þorrablót-Mahl – Schafshoden und verrottetes Haifleisch

Nicht nur für Touristen sind die diversen Speisen eines Þorrablót-Mahles nur schwer verdaulich, deshalb fließen an solchen Abenden auch enorme Mengen *Brennivín* (Schnaps) durch die Kehlen. Typische Gerichte sind: versengter Schafskopf inklusive Augen und Ohren *(svið)*, eingelegte Schafshoden *(Hrútspungur)*, Schwartenmagen *(Svinasulta)*, Trockenfisch *(Harðfiskur)*, Schweinsfett *(Lundabaggi)*, Blutwurst, teilweise auch sauer eingelegt *(Blóðmör)*, geräuchertes Lamm *(Hangikjöt)* und – für viele die größte Herausforderung – fermentierter Hai *(Hákarl)*. Dazu wird ein süßlich schmeckendes Roggenbrot *(Rugbrauð)* und eine Art Fladenbrot *(flatkökur)* gereicht.

010rj Abb.: as

len. Manche Kinder und Erwachsene verkleiden sich als Elfen und Trolle.

- **Herrentag (Bóndadagur):** Nach dem alten Kalender beginnt mit diesem Tag der Monat *Þorri,* der kälteste und härteste Wintermonat. Am Herrentag wird traditionell der Mann verwöhnt. Er ist der erste Teil des isländischen Valentinstags (zweiter Teil s. u. „Frauentag").
- **Þorrablót:** Während des kalten Wintermonats *Þorri* (Ende Januar–Ende Februar) kommen die Menschen mit Familie oder Freunden und Bekannten zusammen und genießen ein Þorrablót-Mahl. Ursprünglich war dies eine Opferfeier für den Gott Thor *(Þór).* Durch christliche Feiertage in den Hintergrund geraten, wurde das Fest Ende des 19. Jh. wieder zum Leben erweckt. Heute liegt der Schwerpunkt auf dem gemeinsamen Feiern, das Essen wird oft mit Geschichtenerzählen und Gesang abgeschlossen.

EXTRAINFO

Isländisches Jahrbuch und Mondkalender

Neben dem kirchlichen Kalender existierten in Island über Jahrhunderte hinweg ein isländisches Jahrbuch sowie ein Mondkalender. Dem **Jahrbuch** zufolge wurde das Jahr **in Winter und Sommer eingeteilt,** das Alter von Menschen und Tieren wurde in Wintern gezählt. Ein Datum gab man mit der soundsovielten Woche im Sommer oder Winter an, die Wochentage trugen die Namen der nordischen Götter.

Der **Mondkalender** teilte das Jahr in 12 Monate (wie z. B. *Þorri* oder *Góa*) ein. Da die Monde sich immer etwas verschieben, ändern sich die Daten der Monate in jedem Jahr. In Buchhandlungen bekommt man jedoch immer ein aktuelles Jahrbuch mit allen entsprechenden Angaben.

Februar

- **Dunkle Musiktage (Myrkir Músíkdagar):** Das Festival wird von der Vereinigung isländischer Komponisten in Zusammenarbeit mit bekannten Künstlern organisiert und umfasst eine breite Skala an Konzerten, vom Kammerkonzert über Lunchkonzerte bis hin zum Auftritt des Isländischen Symphonieorchesters (www.myrkir.is).
- **Winterfestival (Vetrarhátíð):** Zwei Tage Mitte Februar voll kultureller Aktivitäten, um die dunklen Tage zu erhellen: Museumsnacht, Ausstellungen, Konzerte, Theatervorstellungen (teilweise auch im Freien, www.vetrarhatid.is)

Augen zu und durch – nur für starke Mägen unter Mithilfe von Hochgeistigem verträglich

- **Food and Fun:** Seit Jahren unterstützt die Fluggesellschaft Icelandair dieses Festival der kulinarischen Höhepunkte. Eine Woche lang verwöhnen Ende Februar/Anfang März international bekannte Spitzenköche in Reykjavíker Toprestaurants die Gäste. Es wird zum Festival ein Drei-Gänge-Menü aus frischen, rein isländischen Zutaten angeboten (www.foodandfun.is).
- **Aschetag (Öskudagur):** Der Aschetag fällt zwar auf den Aschermittwoch, hat aber inhaltlich wenig mit diesem gemein, denn an diesem Tag findet der isländische Fasching statt. Die Kinder verkleiden sich und ziehen durch die Geschäfte, um Süßigkeiten zu bekommen, die sie sich mit dem Singen von Liedern verdienen.
- **Frauentag (Konudagur):** Erster Tag des alten Monats *Góa* (Ende Februar) und der zweite Teil des isländischen Valentinstages. An diesem Tag werden die

102rj Abb.: as

Frauen von ihren Partnern und männlichen Verwandten mit einem Geschenk, Blumen oder einer Torte verwöhnt.

März

- **Ostern (Páskar):** Mit dem Gründonnerstag starten die Isländer in einen Kurzurlaub, Geschäfte, Banken, aber auch viele Restaurants sind dann geschlossen. Wichtigste Zutat an Ostern sind die Schokoladenostereier, die einen kleinen Zettel mit einem weisen Spruch enthalten.

April

- **Blues Festival:** Gäste aus dem In- und Ausland, bekannte Größen sowie junge und aufstrebende Artisten sorgen für ein vielseitiges Bluesprogramm im Hilton Nordica Hotel (s. S. 120). Am Karfreitag findet traditionsgemäß ein Konzert mit Psalmen und Gospels in der Fríkirkjan statt (www.blues.is).
- **1. Sommertag (Sumardagurinn fyrsti):** Der erste Donnerstag nach dem 18. April ist ein Feiertag, mit dem der Beginn des Sommers gefeiert wird. Nach dem alten Kalender wird das Jahr in sechs Wintermonate und sechs Sommermonate unterteilt. Es heißt, dass man gutes Sommerwetter erwarten kann, wenn Winter und Sommer zusammenfrieren, es also nachts noch einmal Frost gibt. Gefeiert wird der Tag mit Straßenfesten und Paraden und man wünscht sich gegenseitig „Gleðileg sumar!" – einen fröhlichen Sommer.

Mai

- **1.5. – Tag der Arbeit:** Der Feiertag wird mit einer Parade in Reykjavik gefeiert.
- **Reykjavík Arts Festival (Listahátíð í Reykjavík):** Das seit 1970 stattfindende Festival gehört zu den bekanntesten in Nordeuropa. Zwei Wochen lang werden internationale und isländische Kulturveranstaltungen – Lesungen, Konzerte, Theater- und Tanzaufführungen und Ausstellungen – geboten (www.artfest.is).
- **Menningarhátið í Kópavogi:** Einwöchiges Kulturfestival in Kópavogur zum Mitmachen oder Zuschauen für jedes Alter: Theater, Kunst, Musik, Sportveranstaltungen, Workshops

⊡ Anlässlich von Reykjavík Gay Pride (s. S. 78) findet ein bunter Umzug statt

Juni

- **Icelandic Horse Festival:** Eine Woche rund um das Islandpony, u. a. mit Reitausflügen zu Züchtern (www.landsmot.is)
- **Festival der See und Seemannstag (Sjómannadagur):** Am Seemannstag (1. Sonntag im Juni) und am Festival der See wird der Tatsache gedacht, wie wichtig das Meer und die Seeleute für die Entwicklung und die Geschichte des Landes waren und sind. Viele Schiffe liegen in den Häfen (die Seeleute haben an diesem Tag frei), die Rettungsbrigade führt eine Rettungsaktion im Hafen vor und die Besucher können die Schiffe einmal aus der Nähe betrachten. Im alten Hafen sorgt ein buntes Programm für Unterhaltung (www.hatidhafsins.is).
- **17.6. – Nationalfeiertag:** 1944 wurde am Geburtstag Jón Sigurðssons in Þingvellir 22 die Republik Island ausgerufen, damit wurde die Herrschaft Dänemarks über die Insel offiziell beendet. Seither ist dies der Nationalfeiertag. Der Tag beginnt mit offiziellen Reden, einer Kranzlegung und einem Gottesdienst. In der Innenstadt finden Paraden, Musikaufführungen und Straßentheater statt, überall sieht man isländische Flaggen. Jeder ist auf den Beinen, insbesondere bei schönem Wetter.
- **Wikingermarkt in Hafnarfjörður:** Das Wikingerhotel Hafnarfjörðurs (nur wenige Kilometer von Reykjavík entfernt) veranstaltet jedes Jahr einen mehrtägigen Wikingermarkt mit Marktständen für Schmuck, Wikingerkleidung, typisches Handwerk und natürlich auch mit authentischen Speisen, Getränken und Musik zur Unterhaltung (www.fjorukrain.is).
- **Mittsommernacht:** Die Mittsommernacht (fällt astronomisch meist auf den 21.6., selten auch auf den 20.6.) spielt in Island im Gegensatz zu den skandinavischen Ländern keine so große Rolle.

EXTRATIPP

Auf Lachsfang in der Hauptstadt

Münchens Oberbürgermeister eröffnet mit dem Fassanstich das Oktoberfest – in Reykjavík eröffnet der/die Bürgermeister/-in die **Lachssaison** (Juni–Sept.) mit dem Fang des ersten Lachses im Elliðaár-Fluss, der durch Reykjavík fließt. Der Elliðaár ist einer der saubersten Lachsflüsse und der einzige Lachsfluss der Welt, der durch eine Hauptstadt führt. Das Flusstal ist ein besonders beliebtes Naherholungsgebiet der Stadt, das Jogger, Radler und Spaziergänger gerne zur Entspannung und Erholung nutzen. Die Angelsaison für Forellen beginnt bereits am 1. April. Es gibt also auch etwas zu angeln, wenn man früher dran ist. Informationen zu Angelmöglichkeiten und Angelscheinen für Lachs, Forellen, Saibling in verschiedenen Gebieten im Land gibt es beim:

- **Reykjavík Angelklub** (Stangaveiðifélag Reykjavíkur), www.svfr.is, Tel. 5686050

- **Johannisnacht** (Jónsmessunótt): Der Nacht zum 24.6. werden magische Kräfte zugesprochen. Kräuter und Steine, die in dieser Nacht gesammelt werden, sollen eine besondere Heilwirkung haben und barfuß durch den Tau zu laufen, soll die Gesundheit fördern. Viele sind daher in dieser Nacht in der Natur unterwegs.

August

- **Kaufmannsfeiertag (Verslunarmannahelgi):** Am 1. Montag im August bleiben die Geschäfte geschlossen. Das lange Wochenende wird mit Musik und Open-Air-Festivals überall auf Island gefeiert.

Abb.: as 011rj

- **Reykjavík Gay Pride:** Jedes Jahr lockt das Festival am zweiten Augustwochenende mehr Touristen nach Reykjavík. Höhepunkte sind der farbenfrohe und fröhliche Umzug vom Busbahnhof BSÍ am Tjörnin entlang in das alte Stadtzentrum und das Freiluftkonzert am Arnarhóll-Hügel [D4] (www.reykjavikpride.com).
- **Reykjavík Jazz Festival (Jazzhátíð Reykjavíkur):** Fünf Tage geben isländische und internationale Jazzgrößen Konzerte in der ganzen Stadt (www.reykjavikjazz.is).
- **Kulturnacht (Meningarnótt):** Jeder, der irgendwie irgendwas mit Kunst zu tun hat, ist an diesem Tag aktiv beteiligt (dritter oder vierter Samstag im August). Der Tag startet für die Sportlichen mit dem **Reykjavík Marathon** (*Maraþón,* www.marathon.is), es kann auch ein halber Marathon oder eine kurze Strecke von 4,3 km gelaufen werden. Ab mittags scheint die ganze Stadt auf den Beinen zu sein und überall gibt es Straßentheater, Musik und Live-acts, Galerien und Künstlerwerkstätten sind geöffnet. Das alles ist teils geplant, teils entsteht dies ganz spontan durch Initiativen bekannter Künstler oder bisher noch nicht entdeckter Talente. Da es im August noch immer sehr lange hell bleibt, dauert die Feier bis in den frühen Morgen (www.menningarnott.is).
- **Tangofestival:** Ende August steht im Zeichen des Tangos: Workshops für unterschiedliche Niveaus mit Tanzlehrern aus Buenos Aires, Vorführungen und Milongas (www.tango.is).

September

- **Reykjavík International Filmfestival:** In nur wenigen Jahren hat sich das knapp zwei Wochen dauernde Festival zu einem Geheimtipp für Filmfreunde gemausert. Gezeigt werden Filme aus der ganzen Welt, wobei man auch Gelegenheit hat, Premieren nordischer Filme zu erleben. Diskussionen, Lesungen, Konzerte, Meisterkurse und natürlich Preisverleihungen gehören mit zum Programm. Die Filme werden in Originalsprache mit englischen Untertiteln gezeigt (www.riff.is).

› **Internationales Literaturfestival:** Alle zwei Jahre stattfindendes Festival internationaler und nationaler Autoren mit öffentlichen Lesungen am Abend. Alle nicht auf Englisch gelesenen Texte werden über einen Projektor zum Mitlesen auf Englisch auf die Bühnenwand geworfen (www.bokmenntahatid.is).

› **Herdenabtrieb (Réttir):** Isländische Schafe und Pferde verbringen das ganze Jahr draußen im Freien, werden aber im Herbst zusammengetrieben und etwas näher an den Bauernhöfen untergebracht. Für den alljährlichen Herdenabtrieb wird die Hilfe von Familienmitgliedern und Freunden in Anspruch genommen und viele Isländer erinnert dies an ihre Jugendzeit. Falls man eine Einladung oder die Möglichkeit erhält, hierbei mitzumachen, erlebt man ein Stück authentisches Island.

Oktober

› **Imagine Peace Tower:** Auf der Insel Viðey 21 ist das Kunstwerk installiert, das Yoko Ono John Lennon gewidmet hat. Ein Wunschbrunnen, auf dem die Worte „Imagine Peace" in unterschiedlichen Sprachen eingraviert sind, erzeugt eine weithin sichtbare, kilometerhohe Lichtsäule, die von Lennons Geburtstag (9.10.) bis zu seinem Todestag (8.12.) eingeschaltet ist. Die Leuchtsäule wird außerdem zur Wintersonnenwende, in der Silvesternacht, der ersten Frühlingswoche und zum Geburtstag Yoko Onos „befeuert".

Der Imagine Peace Tower auf Viðey 21 bietet ein gewaltiges, weithin sichtbares Schauspiel

KURZ & KNAPP

13 Weihnachtsmänner und die Weihnachtskatze

Für Kinder wird es spannend, wenn ab dem 12. Dezember die 13 Weihnachtsmänner einer nach dem anderen nachts auftauchen. Die Trollkinder tragen Namen wie „Kerzenschnorrer", „Türschläger", „Kochlöffellecker" oder „Fenstergaffer" und erschrecken die Leute in den Häusern. Es scheint aber, dass sich ihr Benehmen in den letzten Jahren gebessert hat, und so hoffen Kinder darauf, dass ihnen diese Jungs etwas Leckeres in die frisch geputzten Schuhe legen, die sie ans Fenster stellen. Wer allerdings nicht brav war, findet am nächsten Morgen statt der erhofften Süßigkeiten nur eine verschrumpelte Kartoffel vor. Ab dem 25.12. verschwinden die Weihnachtsmänner dann einer nach dem anderen, bis das Haus nach dem 6.1. wieder frei von Eindringlingen ist.

Aber Achtung: Isländischen Volkserzählungen zufolge können alle von der Weihnachtskatze geholt werden, die zu Weihnachten keine neue Kleidung tragen. Traditionell arbeiteten daher alle im Haushalt fleißig daran, dass alle an Weihnachten ein neues Kleidungsstück bekommen konnten. An dieser Tradition hat sich bis heute nichts verändert.

› **Iceland Airwaves:** Am dritten Oktoberwochenende dominiert das Musikfestival mit Konzerten, Partys, Shows und Gigs in Plattenläden, Galerien und Bars die Innenstadt. Es gilt, neue Bands aus dem In- und Ausland zu entdecken, von denen einige später tatsächlich den großen internationalen Durchbruch schaffen, weshalb das Festival auch gerne von Vertretern der Musikbranche besucht wird (www.icelandairwaves.is).

November

- **Young Art Festival (Unglist):** Eine zehntägige Plattform für junge Künstler aller Art: Musik, Malerei, Design, Fashion, Theater und Fotografie (www.unglist.is)
- **Sequences Real Time Festival:** An vielen öffentlichen Orten der Innenstadt wird die Verbindung zwischen visuellen Künsten, Klang und Performance gesucht (http://icelandairwaves.is).

Dezember

- **Gleðileg Jól! – Frohe Weihnachten!** Die Vorfreude auf Weihnachten beginnt, wenn ab Ende November überall Weihnachtsbeleuchtung angebracht wird.
- **23.12. – Þorláksmessa:** Der Weihnachtsrummel nähert sich am 23.12. seinem Höhepunkt. An diesem Tag bleiben die Geschäfte extra lange geöffnet, damit wirklich jeder noch die nötigen Einkäufe schaffen kann. Traditionell wird fermentierter Rochen gegessen und weil die meisten Familien am nächsten Tag nicht in einer nach Ammoniak riechenden Wohnung Weihnachten feiern wollen, machen die Restaurants am Abend des 23. Dezembers besonders gute Geschäfte.
- **24.12.:** Weihnachten beginnt Punkt 18 Uhr, wenn die Glocken der Domkirche (4) läuten und der Radiosprecher die Übertragung der Messe verkündigt. Für viele Familien beginnt der Abend mit einem gemeinsamen Essen, danach werden die Geschenke ausgepackt. Wer will, geht zur Spätmesse in die Kirche.
- **25./26.12.:** Am ersten und zweiten Weihnachtsfeiertag geht gar nichts in der Stadt, denn jetzt haben sich alle mit ihren Weihnachtsgeschenken, vor allem ihren Büchern, verkrochen. An diesem Tag ist fast alles geschlossen, daher sollte man sich rechtzeitig vorher um Reservierungen für die wenigen stattfindenden Touren und geöffneten Restaurants kümmern.
- **31.12. – Silvester (Gamlárskvöld):** Die Silversterfeiern beginnen zu Hause, die Kabarettsendung im Fernsehen über das vergangene Jahr gehört zum Pflichtprogramm. Danach werden große Feuer, mit denen symbolisch das alte Jahr verbrannt wird, angesteckt. Um Mitternacht geht die Knallerei dann richtig los, wenn das alte Jahr mit riesigen Mengen Feuerwerk verabschiedet und das neue begrüßt wird.

Gesetzliche Feiertage

- 1.1.: Neujahr – Nýársdagur
- Ostersonntag – *Páskadagur*
- Ostermonntag – *Annar í páskum*
- 1. Donnerstag nach 18. April: Sommeranfang – *Sumardagurinn fyrsti*
- 1.5.: Tag der Arbeit – Fyrsti Maí
- Christi Himmelfahrt – *Uppstigningardagur*
- Pfingstsonntag – *Hvítasunnudagur*
- Pfingstmontag – *Annar í hvítasunnu*
- 1. Sonntag im Juni: Seemannstag– *Sjómannadagurinn*
- 17.6.: Nationalfeiertag – *Lýðveldisdagurinn*
- 1. Montag im August: Kaufmannsfeiertag – *Verslunarmannahelgi*
- 24.12.: Heiligabend – Aðfangadagskvöld (Die Geschäfte sind ab Mittag geschlossen.)
- 25. und 26.12.: 1. und 2. Weihnachtsfeiertag – *Jól*
- 31.12.: Sylvester (Die Geschäfte sind ab Mittag geschlossen.) – *Gamlárskvöld*

REYKJAVÍK VERSTEHEN

074rj Abb.: as

Das Antlitz der Stadt

Reykjavík ist eine junge Stadt. Von dem Bau der ersten Höfe um das Jahr 871 bis zu einer nennenswerten Besiedlung im 18. Jh. gingen ganze 880 Jahre ins Land. Das älteste, noch stehende Haus Reykjavíks stammt aus dieser Zeit (Aðalstræti 10).

Stadt wie Land aber waren arm und blieben dies bis nach dem Zweiten Weltkrieg. Es gab kein Geld für Prachtbauten oder sonstigen Firlefanz, der nicht direkt dem Überleben diente. Auch die heutigen Wohnhäuser sind nach unseren mitteleuropäischen Maßstäben eher bescheiden bemessen, die Bausubstanz oft nicht die beste. So sorgt vor allem im Zentrum, dem ältesten Teil der Stadt, das Abreißen und Neuerrichten bzw. Restaurieren für fortwährenden Gesprächsstoff in der Bevölkerung und im Stadtrat.

Reykjavík hat mit ihren oft farbenfroh wellblechverkleideten Holzhäusern **ihren eigenen Charme.** Außerdem gibt es doch einige interessante architektonische Neubauten wie das Nordische Haus (15), die Hallgrímskirkja (14), das Rathaus (5) oder die 2011 fertiggestellte Konzert- und Konferenzhalle Harpa (10).

Die Bebauung der Stadt erstreckt sich vor allem nach Osten, da auf dem schmalen Landstrich beim Zentrum kaum mehr Platz ist. Diskussionspunkt ist darum schon seit Längerem der **Reykjavíker Flughafen.** Er grenzt direkt an das Zentrum und nimmt eine große Fläche in Beschlag, die manche auch gerne bebauen würden. Andererseits sind von hier aus der Rest des Landes (sowie die Färöer-Inseln und Grönland) mit dem Flugzeug schnell und komfortabel zu erreichen und es kommt vielen widersinnig vor, erst eine knappe Stunde zum internationalen Flughafen nach Keflavík zu fahren, um danach für nur eine Stunde im Flugzeug zu sitzen.

Vorseite: Wer im Winter Glück hat, erlebt die besondere Stimmung der Nordlichter auch über der Stadt

Das Zentrum liegt zum Westen hin offen in einer Bucht. Der Stadt gegenüber, getrennt durch den Nordatlantik, erhebt sich **Esja – der „Tafelberg"** – über 914 m in die Höhe. An manchen Tagen meint man, man könne ihn fast berühren, wenn man seine Hand ausstreckt, an anderen wiederum ist er wegen des Nebels nicht zu sehen.

Von vielen Stellen in Reykjavík hat man Meerblick. Im Osten fließt der **Fluss Elliðaár** durch die Stadt, dessen Ufer ein beliebtes Naherholungsgebiet für Radler, Jogger und Angler ist. Unter der Stadt liegen im Zentrum Warmwasserrohre, sodass immerhin diese Straßen im Winter eisfrei bleiben. Das warme Wasser kommt aus geothermalen Feldern aus der Umgebung, die ein angenehmes Leben in diesen nördlichen Breitengraden eigentlich erst ermöglichen.

Die farbenfrohen Häuser Reykjavíks, der Fjord und der Berg Esja vom Turm der Hallgrímskirkja (14) aus gesehen

KURZ & KNAPP

Die Stadt in Zahlen

- **Gegründet:** 871±2
- **Einwohner:** 122.460 (2016)
- **Einwohner/km²:** 442
- **Fläche:** 277 km²
- **Höhe ü. M.:** 0–61 m
- **Sonnenauf- u. -untergang 21.6.:** 2.55 Uhr; 0.04 Uhr
- **Sonnenauf- u. -untergang 21.12.:** 11.22 Uhr; 15.29 Uhr

Von den Anfängen bis zur Gegenwart

Obgleich es schon früher entdeckt wurde, wurde Island **erst im 9. Jahrhundert nach Christus besiedelt.** Bodenuntersuchungen konnten aufgrund von Funden in Lava- und Gletschersedimenten die ersten Besiedlungen ziemlich genau auf das Jahr 871 plus/minus zwei Jahre datieren. Die ersten Siedler kamen aus Norwegen, eventuell Outlaws, die vor

061rj Abb.: as

Islands Wasser

Die großen Vorräte an naturbelassenem, sauberem Quellwasser in Island gehören zu den größten Schätzen des Landes. Auch heißes Wasser gibt es in Hülle und Fülle, es dient als ***naturschonende Energieversorgung.*** *Aus dem kalten Wasserhahn in Reykjavík sprudelt reines Quellwasser, das Reykjavíkern zufolge einen sehr hohen basischen pH-Wert haben soll - auf jeden Fall schmeckt es sehr gut. In Restaurants, Cafés oder öffentlichen Einrichtungen gibt es Wasser immer gratis.*

Für ***Trinkwasser*** *sollte man das Wasser eine Weile laufen lassen, bis es richtig kalt aus dem Wasserhahn kommt und das heiße Wasser aus der Leitung gespült ist. Das heiße Wasser in Reykjavík kommt aus* ***schwefelhaltigen Quellen*** *und riecht dementsprechend nach faulen Eiern. Da die Inhaltsstoffe recht aggressiv für das Leitungsnetz sind, gehen immer mehr Gemeinden dazu über, das kalte Quellwasser zu erwärmen. In Reykjavík kommt man aber noch in den Genuss der Schwefeldüfte.*

Das Wasser kommt zudem extrem heiß aus der Leitung, weshalb man beim Duschen ohne Mischbatterie zuerst das kalte Wasser laufen lassen und das heiße Wasser dann zumischen sollte. Auch tut es gut, sich hinterher einzucremen, denn nach ein paar Tagen fühlt sich die Haut recht trocken an.

Beim Händewaschen und Duschen sollte man außerdem Schmuck aus Edelmetallen abstreifen, denn diese verfärben sich durch das warme Wasser dunkel. Die dunkle Farbe verschwindet zwar wieder, wenn man zu Hause ist, aber falls es einen stört, sollte man besser vorher darauf achten.

Das Wasser ist außerdem ***sehr weich.*** *Falls das eigene Apartment über eine Waschmaschine verfügt, braucht man nur eine sehr kleine Menge Waschpulver. Auch Duschgel, Seife und Haarwaschmittel reichen dadurch ziemlich lange.*

dem dortigen König fliehen mussten. Außerdem gab es wohl auch einige Siedler aus britischen Wikingersiedlungen, einige Skandinavier und Iren. Die meisten der ersten Siedler, circa 400 an der Zahl, waren Männer, aber die Norweger brachten auch Sklaven und verschleppte Frauen keltischen Ursprungs mit auf die kalte Insel im Nordatlantik.

Einer dieser ersten Siedler hieß **Ingólfur Arnarson.** Als er an der Küste Islands entlang fuhr, warf er, so geht die Sage, nach alter Wikingersitte die beiden Seitenstützen seines Hochsitzes ins Wasser und an der Stelle, an der diese strandeten, erbaute er seinen Hof. Er nannte die Stelle aufgrund der vielen heißen, dampfenden Quellen „Rauchbucht" – was auf Isländisch „Reykjavík" heißt. Heute zieren die Wellen des Nordatlantiks mit der symbolhaften Darstellung der beiden Seitenstützen das Stadtwappen.

Reykjavík war fortwährend besiedelt, bis zum 18. Jahrhundert bestand es aber nur aus wenigen Höfen. Der kooperative Zusammenschluss von 13 Isländern unter der Führung von Skúli Magnússon führte 1751 zu einer **ersten fabrikartigen Industrie für Wollverarbeitung.** Skúli gilt deshalb als Gründervater der Stadt.

Am 18. August 1786 erhielt das 200 Seelen zählende Reykjavík vom dänischen König das Stadtrecht zugesprochen.

Nach Aufhebung des Handelsmonopols durch die dänischen Machthaber wurden sechs Handelszentren im Land gegründet, von denen sich allein Reykjavík ununterbrochen behaupten konnte. Somit wurde Reykjavík die **erste städtische Ansiedlung.** „Städtisch" muss man hier allerdings in Anführungszeichen setzen, kann die Stadt doch im Jahr 1800 ganze fünf Läden und 307 Einwohner vorweisen.

Bei Erdbeben (1783 und 1784) und anschließenden Hungersnöten wurden der Bischofssitz und die Lateinschule Islands in Skálholt völlig verwüstet. Daraufhin beschloss man, dass der Bischof seine Schäfchen fortan von Reykjavík aus hüten sollte. Mit dem Bischofssitz wurde auch die Lateinschule hierher verlegt, zudem kamen immer mehr politische Institutionen nach Reykjavík und so wurde die Stadt **zum politischen und gesellschaftlichen Zentrum des Landes.**

1845 übersiedelte das Alþingi, das Parlament, nach Reykjavík, auch wenn es zunächst nur beratende Funktion gegenüber der dänischen Krone hatte. Immerhin galt Reykjavík jetzt auch als **Hauptstadt der Insel.** Zu dieser Zeit wies die Stadt weniger als zehn Häuser mit mehr als einem Stockwerk auf und zählte etwas mehr als 1000 Einwohner, 1910 waren es bereits mehr als 11.000.

1944 erklärte sich Island **von Dänemark unabhängig,** das zu diesem Zeitpunkt von NS-Deutschland besetzt war. Die Schutzmacht Islands während des Zweiten Weltkriegs, die USA, brachte Geld in die Kassen der bisher bettelarmen Isländer. Der internationale Flughafen wurde gebaut und in den 1970er-Jahren die Ringstraße um die Insel fertiggestellt, die heute bis auf wenige Kilometer gänzlich asphaltiert ist. Der Kalte Krieg hält die US-Amerikaner bis zum Zusammensturz der UdSSR im Land.

Seit der zweiten Hälfte des 20. Jh. boomt die Stadt. In den letzten 60 Jahren hat sich ihre Einwohnerzahl mehr als verzehnfacht, sodass Reykjavík **heute über 120.000 Einwohner** zählt. Mit den Randgemeinden zusammen kommt der Ballungsraum auf etwa 210.000 Einwohner. Das bedeutet, dass inzwischen zwei Drittel aller Einwohner der Insel in Reykjavík und Umland wohnen.

028rj Abb.: as

Statue des dänischen Königs Christian IX., der den Isländern 1874 die Verfassung überreichte

In den letzten zwei Jahrzehnten des vorigen Jahrhunderts erlebte Island einen **enormen wirtschaftlichen Boom,** der 2008 mit der Verstaatlichung der drei größten Banken im Zuge der **globalen Finanzkrise** ein (vorläufig?) jähes Ende nahm. Nach einem strikten Sparkurs erholt sich Island vor allem durch die enormen Zuwächse in der Tourismusindustrie. Viele befürchten aber, dass eine erneute Finanzblase folgen könnte.

871 Einer der ersten Siedler Islands, Ingólfur Arnarson, lässt sich an der von ihm so genannten „Rauchbucht" nieder und gründet damit die erste Siedlung an der Stelle, an der später Reykjavík entsteht.

930 Das Alþingi in Þingvellir wird gegründet. Es gilt als das älteste, noch aktive Parlament der Welt.

1000 Beginn der Christianisierung. Es dauert fast 300 Jahre, bis sich in Island ein Bischofssitz unangefochten etablieren kann.

1120–1350 In dieser Zeitspanne werden die großen Sagas verfasst.

1262–1380 Der norwegische König unterwirft Island.

1380–1944 Island ist Teil des dänischen Königreichs.

1552 Der dänische König zwingt die Isländer zur Reformation.

1751 Gründung der ersten Manufakturen des Landes in Reykjavík zur Wollverarbeitung unter dem Vorsitz des von den Dänen eingesetzten Landvogts Skúli Magnússon, dem ersten Isländer auf diesem Posten. Aus den hier niedergelassenen Höfen entsteht eine kleine Siedlung, die bis zu 100 Leuten Arbeit gibt. Zudem wird Fisch und Schwefel exportiert. Diese Periode beendet das sogenannte „Dunkle Zeitalter".

1784 Der Bischofssitz und die Lateinschule werden nach verheerenden Vulkanausbrüchen (1783), Erdbeben (1784) und anschließender Hungersnot (die giftige Asche tötet die Tiere und macht die sowieso schon kargen Böden unbrauchbar) von Skálholt nach Reykjavík übersiedelt.

1786 Am 18. August erhält Reykjavík vom dänischen König das Stadtrecht.

1801 Ein Hohes Gericht wird in der Stadt eingesetzt. Es dient vor allem als Berufungsinstanz zwischen den isländischen Behörden und dem Obersten Gerichtshof in Kopenhagen.

1806 Der Gouverneur zieht von Bessastaðir nach Reykjavík um. Bessastaðir, etwas außerhalb der Stadt gelegen, war der Sitz des Gründervaters der Stadt, Skúli Magnússon, und dient heute dem Präsidenten Islands als Amtssitz und -wohnung.

1809 Erste Unabhängigkeitsbestrebungen

1874 Zur 1000-jährigen Siedlungsfeier gewährt der dänische König Christian IX. dem isländischen Volk eine eigene Verfassung. Das Parlament hat nun begrenzte legislative Rechte, die Exekutive verbleibt jedoch in dänischer Hand. Christian IX. ist der erste dänische König, der die Insel während der mehr als 500-jährigen Herrschaft Dänemarks betritt.

1876 Die ersten Straßenlaternen zieren die Stadt. Gründung der ersten Blaskapelle Islands in Reykjavík, dem zugleich ersten Orchester des Landes. Zu diesem Zeitpunkt existieren in Reykjavík sieben Klaviere.

1886 Gründung der Nationalbank. Die Straße, an der die Landsbanki Íslands liegt, wird Bankastræti getauft.

1888 Eine englische Firma bietet an, elektrische Straßenlaternen in der Stadt zu installieren. Die Bürgerväter lehnen dies aber als „Humbug" ab.

1904 Gründung einer zweiten Bank, der Íslandsbanki, die zwischenzeitlich Glitnir heißt. Anfang 2009 erhält sie im Zuge des finanziellen Kollapses und der darauffolgenden Verstaatlichung ihren alten Namen wieder.

1911 Gründung der Háskoli Íslands, der ersten Universität des Landes.

1914–1918 Island bleibt während des Ersten Weltkriegs neutral.

1915 Frauen über 40 erhalten das Wahlrecht, ab 1920 alle volljährigen Frauen.

1940 Im April wird Dänemark von deutschen Truppen besetzt. Island verhält sich als Teil Dänemarks neutral, auch nachdem die Briten militärischen Schutz anbieten. Letzteren wird es zehn Tage nach der Besetzung Dänemarks durch Nazideutschland zu bunt, die britische Marine besetzt Island. Niemand wehrt sich – wie auch, selbst heute noch hat Island keine Armee. Außerdem sind fast alle Isländer froh darüber, dass die Briten den Wettlauf um die strategisch wichtige Insel zwischen Europa und Amerika (Brückenkopf für die Schifffahrt, U-Boote und Flugzeuge) gegen NS-Deutschland für sich entschieden haben.

1941 Die amerikanischen Streitkräfte übernehmen am 7. Juli die Schutzfunktion Islands von ihren britischen Kollegen, also noch vor dem Eintritt der USA in den Zweiten Weltkrieg. Nach 25.000 britischen sind nun 60.000 US-amerikanische Soldaten auf der Insel stationiert. Reykjavík zählt zu diesem Zeitpunkt lediglich 39.000 Einwohner.

1944 Island erklärt sich von dem zu diesem Zeitpunkt unter deutscher Besatzung stehenden Dänemark unabhängig und ruft am 17. Juni die Republik Island aus. Der 17. Juni ist der Geburtstag Jón Sigurðssons (1811–1879), eines Philologen und Politikers, der im 19. Jh. vehement und mit viel Geschick für die Unabhängigkeit Islands gegenüber den Dänen auftrat. Da er sowohl Vorsitzender der Literarischen Vereinigung Islands als auch Vorsitzender des Alþingi war, wurde er zu Lebzeiten „Präsident" genannt.

1949 Island wird trotz ungewöhnlich heftiger Demonstrationen Gründungsmitglied der NATO.

1950–1975 Island, stark abhängig vom Fischfang, erweitert seine Fischgründe nacheinander auf schließlich 200 Seemeilen außerhalb der Insel. Dies führt zu drei sogenannten **„Kabeljaukriegen"** mit britischen Trawlern, die sich zunächst nicht an die neuen Grenzen halten. 1976 wird schließlich ein Abkommen getroffen, das den Isländern die Fischereirechte an der 200-Meilen-Zone einräumt. Die Fischereirechte sind noch immer der vielleicht wichtigste Hinderungsgrund für den Beitritt Islands zur EU. Die Fischer haben weiterhin eine außerordentlich große Lobby in Parlament und Regierung.

1972 Das bekannteste Schachspiel der Weltgeschichte findet in Reykjavík statt: Der Weltmeister aus der UdSSR, Boris Spasky, wird herausgefordert vom US-Amerikaner Bobby Fischer. Fischer erscheint mit einer Woche Verspätung, am ersten Spieltag schließlich mit einer Stunde Verspätung. Am zweiten Spieltag erscheint er gar nicht. Er fordert, dass die TV-Kameras, die seiner Meinung nach zu nahe am Spieltisch stehen, abgebaut werden müssen und dass das Match in einem kleinen Nebensaal ohne Zuschauer gespielt werden soll. Mit seinen Psychospielchen setzt sich Fischer gegen seinen Opponenten, der als Schachmaschine gilt, durch und gewinnt. Er ist der erste amerikanische Schachweltmeister. Diese Weltmeisterschaftspartie wird nicht nur als „einfaches" Schachspiel gesehen, sondern als eine Fortsetzung des Kalten Krieges mit anderen Mitteln.

1986 Der Anfang vom Ende des Kalten Krieges zwischen den Supermächten USA und UdSSR findet, auf Einladung der weltweit ersten weiblichen demokratisch gewählten Präsidentin eines Landes, Vigdís Finnbogadóttir, im Haus Höfði in Reykjavík statt. In der geografischen Mitte der beiden Staaten treffen sich der amerikanische Präsident Ronald Reagan und der sowjetische Generalsekretär Michail Gorbatschow nach dem atomaren Rüstungswahn der frühen 1980er-Jahre zu einem Spitzengespräch über Abrüstung. Beide verlassen die Gespräche im Übrigen ziemlich enttäuscht – ihnen ist beiden zum damaligen Zeitpunkt nicht bewusst, dass die Welt nach diesen Gesprächen nie mehr die gleiche sein wird.

2008 Nach einem unglaublichen Wirtschaftswachstum in den vergangenen zwei Jahrzehnten zeigt der Boom erste Risse, die isländische Krone verliert im Zuge der Immobilienkrise in den USA an Wert. Aus der Immobilien- wird eine globale Finanzkrise mit dramatischen Folgen, auch und gerade für den kleinen Staat Island. Am 6. Oktober scheint der wirtschaftliche Zusammenbruch nahe: Mit Glitnir wird die erste Bank verstaatlicht, Landsbankinn und Kaupþing folgen kurz danach. Somit sind die drei größten Banken des Landes in der Hand des Staates. Die Krone fällt, bis sie im Vergleich zum Euro fast nur noch halb so viel wert ist wie zu Jahresbeginn.

2009 Nach zunächst friedlichen Demonstrationen werden die Proteste zunehmend unisländisch aggressiv. Den Isländern wird bewusst, dass ein paar Unersättliche mit windigen Geschäften letztendlich das ganze Land in den Ruin getrieben haben. Im Januar halten die Proteste schließlich Tag und Nacht an. Zum ersten Mal seit 1949 (den Demos gegen die Teilnahme an der NATO) setzt die Polizei Tränengas ein. Die Regierung beugt sich schließlich dem Druck der Straße und tritt zurück, wie auch der Leiter der Zentralbank. Eine Regierung aus Sozialdemokraten und Grünen erhält die Mehrheit im Parlament.

2011 Die Finanzkrise hat viele Betriebe zur Schließung oder zu Entlassungen gezwungen. Viele Einwohner sind über beide Ohren verschuldet und haben das Vertrauen in die Regierung verloren. Neue Firmen mit kreativen Geschäftsideen werden gegründet. Die Bevölkerung besinnt sich auf traditionelle isländische Werte.

2013 Augenscheinlich erholt sich Island schneller vom wirtschaftlichen Zusammenbruch als gedacht. Doch warnen Wirtschaftsexperten vor einer neuen Finanzblase. Die neugewählte rechtskonservative Regierung räumt dem Wirtschaftswachstum absoluten Vorrang ein und kürzt rigoros im Bildungs- und Gesundheitswesen, bei Kultur und Naturschutz.

2016 Die enormen Zuwächse im Tourismussektor stärken die isländische Währung, die ein Niveau wie vor dem Zusammenbruch erreicht. An allen Ecken und Enden werden neue Hotels und Pensionen gebaut.

Die Nationalmannschaft kämpft sich bei der Fußballeuropameisterschaft bis ins Viertelfinale vor und wird von einer Welle der Begeisterung getragen.

KURZ & KNAPP

Fensterwetter

Wunderschönes Wetter in Reykjavík: Es ist kalt, die Sonne scheint, der Wind weht. Nichts wie raus, denkt man sich, und dieses wunderschöne Wetter genießen. Draußen stellt man dann fest, dass der Wind einem die Kälte regelrecht ins Gesicht schneidet und die Augen unmittelbar zu tränen beginnen. Also wieder rein in die gute, beheizte Stube und mit einem Heißgetränk in den Händen das Wetter vom Fenster aus genießen. „Fensterwetter" nennen das die Isländer.

Im Freibad fühlen sich die Isländer bei jedem Wetter und jeder Temperatur wohl

Leben in der Stadt

Leben im hohen Norden

Reykjavík ist die **nördlichste Hauptstadt der Welt**. Kein Wunder, liegt sie doch mit 64° nördlicher Breite nur knapp unter dem Polarkreis (bei 66°33). Demzufolge ist das **Wetter eines der beliebtesten Gesprächsthemen** unter Isländern – gleichzeitig aber auch wieder eines der überflüssigsten, da sich die klimatischen Bedingungen sowieso alle paar Minuten ändern. Man kann bei schönstem Sonnenschein die zwei Minuten zum Bäcker laufen und im strömenden Regen und klatschnass wieder zu Hause ankommen. An ein und demselben Tag ist alles möglich: Sonnenschein, Regen, Hagel, Schnee und gratis dazu auch noch ein kräftiger Sturm. Daher gilt die Grundregel: Mehrschichtig kleiden! Unterschicht (T-Shirt oder Thermoshirt), Mittelschicht (warm, langärmelig) und Oberschicht gegen Wind und Regen anlegen sowie immer etwas für den Kopf mitnehmen.

Aufgrund der niedrigeren Luftfeuchtigkeit muss man sich auch bei -10 °C noch nicht unbedingt außerhalb der persönlichen Komfortzone fühlen. Was den Aufenthalt im Freien – außer eventuellem Regen – wirklich unangenehm werden lässt, ist oftmals der **Wind**. Und dann ist eine winddichte Bekleidung ein Muss, auch im Sommer. Reykjavík liegt näher am nördlichen Wendekreis als am Äquator, darum gilt ganz einfach: Es gibt kein schlechtes Wetter, nur schlechte Kleidung.

Wie auch immer sich das Wetter darstellt, einen Besuch im Schwimmbad lassen sich die Isländer nicht nehmen – Schwimmbad bedeutet hier wohlgemerkt Freibad. Die **Badekultur** ist Teil des Alltags. Viele Isländer suchen täglich oder doch wenigstens einige Male pro Woche eines

030rj Abb.: as

der vielen Bäder auf, die es selbstverständlich auch in der Hauptstadt gibt. Das Bad ist vor allem auch ein **gesellschaftlicher Treffpunkt**, hier tauscht man Neuigkeiten aus und diskutiert die politische Lage. Jedes Schwimmbad hat sowohl einen Pool zum Schwimmen als auch sogenannte „heiße Töpfe“, in denen man sich im zwischen 38 und 44 °C heißen Wasser aufwärmen kann.

Wenn man es erst mal geschafft hat, die paar Meter von den Duschkabinen hinaus durchs Freie bis ins Wasser zu kommen, merkt man, wie angenehm es sein kann, **auch bei Minustemperaturen** seine Bahnen zu schwimmen. (Man sollte bei Frost allerdings darauf achten, dass man sich nicht an Metallgeländern festhält, auch wenn der Boden vereist ist, denn schnell kann einem die Hand am Metall festfrieren!) Unser persönlicher Badetemperaturrekord bislang liegt bei -12 °C und es hat noch immer Spaß gemacht, im warmen Wasser zu schwimmen. Der Dampf über dem Wasser hält übrigens auch den Kopf einigermaßen warm. Entspannt man sich danach noch in einem der heißen Becken, kann man den Rückweg innerlich gut aufgewärmt antreten.

Sowieso lässt sich der Isländer/die Isländerin vom Wetter nicht so leicht aus dem Rhythmus bringen. Was man bei uns als Schneesturm bezeichnen würde, gilt hier vielleicht als lästig, aber dann zieht man halt eine Kapuze über den Kopf. Die Straße ist vereist und/oder schneebedeckt? Na ja, dann muss man eben aufpassen. Das Auto lässt man deshalb aber nicht stehen. In wohl keinem anderen Land gibt es **so viele Jeeps und allradangetriebene Autos** pro Kopf wie in Island. Die brauchen zwar mehr Sprit, bringen einen aber auch in rauem Klima meist dahin, wo man hin will. Auch die kleinsten Strecken legen Isländer mit dem Auto zurück – man weiß ja schließlich nie, wie sich das Wetter in einer halben Stunde darstellt.

Trotzdem dreht sich das Leben der Isländer sehr um die sie umgebende Natur und ihre wetterbedingten Einflüsse. **Man lebt hier mit der Natur**, nicht gegen sie. Die Natur gibt die Grenzen an und der Mensch hat sie zu respektieren. Nicht mehr so häufig wie früher, aber noch immer passiert es, dass Leute auf Wanderungen vom Nebel überrascht werden, wortwörtlich ihre eigene Hand vor Augen nicht mehr sehen können und nicht mehr aufgefunden werden. Der dichte Nebel hat sie verschluckt, durch einen Fehltritt wurde ihnen eine Lava- oder Gletscherspalte zum Verhängnis.

Den dramatischen **Klimawandel** kann man in Island unmittelbar mit eigenen Augen beobachten: Das Schrumpfen der Gletscher, die wärmeren Sommer – seit ein paar Jahren gibt es sogar Wespen auf der Insel – und Winter – es fällt deutlich weniger Schnee – sprechen Bände.

Isländer

Man arrangiert sich mit der Urkraft, geht aber auch seinen eigenen Weg. Isländer können **stur und eigensinnig** sein, eine Charaktereigenschaft, die ihnen wohl auch das (Über-)Leben auf der unwirtlichen Insel erst ermöglicht hat, insbesondere in kälteren

[>] An Feiertagen zeigen sich auch junge Leute gern in Volkstracht

078rj Abb.: as

Zeiten als den heutigen. Wie das isländische Pferd, das es sich nicht anmerken lässt, wenn der Pfad unwegsam ist, es stark regnet und der Wind laut pfeift, sondern stoisch seine Arbeit tut, so lassen sich auch die Isländer nur äußerst wenig anmerken.

Nicht klagen, sondern arbeiten – so lautet die Devise. Und so behaupten auch böse Zungen, dass sich die isländische Sprache seit der Besiedlung nur deshalb kaum verändert hat, weil die Inselbewohner so wortkarg sind. Tatsächlich kann es vorkommen, dass die **Kommunikation** minutenlang einfach nur aus mehreren, in einigem zeitlichen Abstand erfolgenden „Jau-ja", beantwortet von einem Schweigen, besteht. Aufgrund solcher Gespräche würde man kaum erwarten, dass gute Geschichtenerzähler auf Island schon immer sehr angesehene Leute waren.

Es verwundert daher nicht, dass Isländer, wenn sie sich z. B. durch eine Menge zur Kasse durcharbeiten wollen, nicht fragen, ob man sie vorbei lässt, sondern die anderen mehr oder weniger sanft beiseite schubsen. Dies ist keineswegs persönlich gemeint, sondern die Landesart, sich seinen Weg zu bahnen. **Menschenansammlungen** ist man auf der dünn besiedelten Insel **nicht gewohnt.**

Das gilt im Übrigen auch fürs Vorausplanen. Ein überschaubares Zeitfenster für Isländer ist ein Tag bis eine halbe Stunde vorher. Es macht schlicht keinen Sinn, Absprachen über einen längeren Zeitraum hinaus zu planen. Isländer mögen es einfach nicht, sich festlegen zu müssen. Die gute Seite: Es gibt **immer Raum für Spontaneität** und so wird der Tag – mitunter auch die Nacht – nie langweilig. Diese Spontaneität ermöglicht es Isländern im Privaten wie auch im Geschäftsleben, schnell zu schalten, anstatt (zu) lange über etwas nachzudenken. Die Wege auf der Insel sind

Hau duh juh laik Aisländ?

Egal wie lange man sich in der Stadt oder im Land aufhält, man wird sicherlich mehrfach die Gelegenheit bekommen, die Frage zu beantworten, wie einem Island gefällt. Denn bei allem Genörgel über die politischen Zustände, über die gestiegenen Preise oder darüber, ob man im Sommer die Straßen der Innenstadt zur Fußgängerzone machen sollte oder nicht, sind die Isländer doch sehr stolz auf ihr Land und ihre Hauptstadt. Zu Recht, würde man meinen, wenn man bedenkt, dass in ganz Island etwas über 330.000 Menschen leben und Reykjavík knapp 123.000 Einwohner zählt. Dann hat man schon hohen Respekt davor, was die Menschen hier leisten. Und wenn man wirklich clever ist, dann lässt man sich bei der Beantwortung der oben gestellten Frage nicht in eine Debatte über Walfang oder Politik verwickeln, sondern spricht ganz diplomatisch seine Bewunderung für das köstliche Wasser, die atemberaubende Natur oder die spannende Musik- und Kulturszene Reykjavíks (positive Eindrücke beliebig austauschbar) aus und man hat Freunde fürs Leben gewonnen, denn man wird auf Lebzeiten ins Herz geschlossen und „íslandsvinur" („Freund Islands") genannt.

kurz, Entscheidungen schnell getroffen – und wieder zurückgenommen.

Reykjavík ist nicht nur die politische Hauptstadt des Landes, sondern auch die kulturelle. Das ganze Jahr über gibt es ein unglaublich **lebhaftes und breit gefächertes kulturelles Angebot** in allen möglichen Sparten. Diese blühenden kulturellen Landschaften sind auch deshalb möglich, weil die Isländer an sich ein **neugieriges Volk** sind. Sie lassen sich gerne inspirieren, suchen nach neuen Impulsen, möchten direkt am Puls der Zeit sein. Man geht gerne auf Konzerte und besucht Galerien und Museen. Außerdem trifft man dort bestimmt auch ein paar Freunde, mit denen man sich auch sogleich über die neuesten Romane austauschen kann. Im internationalen Vergleich wird auf der Insel viel gelesen, noch immer ist das klassische Weihnachtsgeschenk ein Buch. Tja, die langen, dunklen Winter ...

Nicht nur das Isländische Symphonieorchester genießt international hohes Ansehen. Björk, die Band Sigur Rós, Filmmusiker Hilmar Örn Hilmarsson, Garðar Thór Cortes, Lay Low, Ásgeir Trausti und Emilíana Torrini sind nur die bekanntesten Exponenten einer ungemein **dynamischen Szene junger und junggebliebener Musiker** in der Stadt.

Manchmal behaupten die Isländer von sich selbst, dass sie eher „Papierwikinger" als kriegerische Horden waren (was im Übrigen auch stimmt). **Die Sprache und die Literatur**, allen voran die Sagen der Edda **formen das nationale Bewusstsein** und die Identität der Isländer. Und so ist man auch kollektiv ungemein stolz, mit Halldór Laxness (1902–1998) einen Nobelpreisträger für Literatur sein kulturelles Eigen nennen zu dürfen.

Das kann man auch umso mehr sein, als die Isländer doch **über höchstens sechs Ecken miteinander ver-**

wandt sind. Die abgeschiedene Lage der Insel begrenzte den Genpool im Laufe der Jahrhunderte doch erheblich. (Ausnahmen waren da vor allem Schiffbrüchige, die aus der Not eine Tugend machten und die Frauen der über Wochen ausfahrenden Fischer trösteten.) So ist in Island die am häufigsten vorkommende Blutgruppe nicht wie im übrigen Europa „A", sondern „0". Die geringe Einwohnerzahl und der daraus resultierende dichte Verwandtschaftsgrad sind wohl auch die Ursache dafür, dass Isländer zumeist genau nachfragen, wen man denn noch so getroffen hat – und der Grund, warum man sich lieber nicht allzu ausführlich über andere auslässt, Politiker ausgenommen. Auf die wird, wie in jedem anderen Land auch, zuweilen kräftig geschimpft.

Isländer besitzen ein **gesundes Maß an Gutgläubigkeit**, das uns Festlandeuropäern größtenteils abhanden gekommen ist. Man vertraut dem Wort des anderen und geht vom Guten aus. In Läden wird man daher nicht gleich als potenzieller Dieb angesehen, was der Atmosphäre in der Stadt zugute kommt. Man gibt dem anderen Raum für seine Entscheidung und respektiert sie. Fühlt man sich auf den Schlips getreten oder ist bezüglich einer Entscheidung doch uneins, dann ruft man denjenigen einfach an und stellt die Dinge klar. In Island gibt es kaum ein Gefühl für Hierarchie, jeder ist gleich. Und wenn einer denkt, er sei gleicher, bekommt er das ziemlich schnell zu spüren.

Der Freitag- und Samstagabend zeichnet sich vor allem in der Innenstadt durch Partygänger aus, hier öffnet sich jede Woche aufs Neue das unter Arbeits- und Leistungsdruck stehende Ventil. Reykjavíker haben oft mehr als einen Job, um ihren Lebensunterhalt zu verdienen oder um sich mehr Luxus leisten zu können. Zudem **gilt es als Tugend, viel zu arbeiten.** Die unter der Woche aufgestaute Anspannung muss am Wochenende raus – oftmals ist das wörtlich zu nehmen: Der **Alkoholverbrauch bzw. häufig -missbrauch** in diesen Nächten ist erheblich. Noch vor Mitternacht, bevor es in den übervollen Klubs und Kneipen der Innenstadt erst so richtig losgeht, sieht man die ersten Schnapsleichen auf der Laugavegur torkeln oder liegen. Diejenigen, die mehr vertragen oder besser dosieren, halten es bis morgens um sechs oder sieben aus. Es gilt übrigens ein Null-Toleranz-Auftreten der Polizei. Wer sich aggressiv verhält oder daneben benimmt, verbringt den Rest der Nacht alleine im Gewahrsam der Freunde und Helfer.

Die Reykjavíker haben oftmals eine Art **Hassliebe zu ihrer Stadt.** Sie finden sie nicht besonders schön und zu klein. „Man trifft ja doch immer die gleichen Leute, man kann nichts ungesehen unternehmen, jeder weiß doch gleich, was man gemacht hat", beschweren sie sich. Auf der anderen Seite lieben sie ihre Stadt aber auch und sind stolz auf sie, stolz darauf, dass ihre Vorfahren es geschafft haben, hier zu überleben und eine Stadt aufzubauen. Stolz darauf, dass man diese Stadt „auf die Landkarte dieser Welt" gesetzt hat, dass man von der Welt anerkannt wird und nicht nur unbemerkt im Nordatlantik dahindümpelt.

Reykjavíker haben zudem ein sehr gutes Gespür für neue internationale Trends und sie sind stolz darauf, zu den Vorreitern zu gehören.

Es herrscht ein **Wir-Gefühl**, das eine Zusammengehörigkeit untereinander schafft.

Elfen und Trolle

Die Frage, ob man schon einmal **Naturgeister** wie Elfen oder Trolle gesehen hat, wird von Isländern anfangs meist ausweichend beantwortet. „Tja, ich selbst nicht, aber meine Großmutter hat mir immer erzählt ..." oder „Ich nicht, aber ich kenne jemanden, der hat mal Hilfe bekommen von einer Elfenfrau." Isländer verhalten sich tendenziell zurückhaltend beim Beantworten dieser Frage und sind sie oft auch leid. Merken sie aber, dass man nicht nur aus Sensationsgier fragt, sondern tatsächlich interessiert ist, bekommt man vielleicht auch ein wenig mehr darüber zu hören und der eine oder andere wird zugeben, schon einmal in Kontakt mit Elfen gestanden zu haben.

Das Thema Naturwesen **spaltet die Nation.** Die einen tun es schlicht und ergreifend als Humbug ab, die anderen halten zumindest die Möglichkeit offen, dass es solche Wesen gibt. Und wiederum andere sind sich ihrer Existenz sicher, da sie mit ihnen in Kontakt stehen. Die bekannteste Vetreterin der letztgenannten war sicherlich Erla Stefánsdóttir. Eigentlich war sie Klavierlehrerin, aber da sie angeblich in ständiger Kommunikation mit Naturwesen stand, wurde sie immer wieder von Leuten und Instanzen um Ratschläge gebeten. So hat sie für den Ort Hafnarfjörður südlich von Reykjavík eine Karte mit Orten in der Stadt erstellt, an denen Elfen leben. (Eine offizielle Elfenbeauftragte des isländischen Staates war sie übrigens nicht. Das wurde von einem Journalisten erfunden und bereitwillig aufgegriffen. Diese Funktion existiert aber nicht und hat es auch nie gegeben.)

KURZ & KNAPP

Naturwesen: Elfen und Trolle

Unter dem Begriff **„Naturwesen"** versteht man Geschöpfe, die in ihren eigenen Dimensionen, in einer Parallelwelt zu den vier uns bekannten Dimensionen aus Raum und Zeit leben. Manche von ihnen sollen ab und an den Kontakt mit unseren Sphären suchen, nur dann ist es möglich, sie wahrzunehmen oder mit ihnen in Kontakt zu treten. Elfen und Trolle sind die beiden bekanntesten Vertreter der Naturwesen.

Elfen gelten als den Menschen wohlgesonnen, sind dies aber vor allem dann nicht, wenn man sie stört. Es gibt richtige Elfenstädte, sogar Elfenuniversitäten und -kirchen. Elfen leben in Felsen, verlassen diese manchmal aber auch. Menschen haben meist als Kinder (vor der Pubertät) Kontakt mit Elfen. Manchmal kommen Elfenkinder und spielen mit Menschenkindern, nehmen sie mit in den Felsen und begleiten sie abends wieder nach Hause.

Trolle sind eher unangenehme Wesen, denen man lieber nicht begegnen will. Auch sie leben in Felsen, können diese aber nur nachts verlassen. Sind sie beim ersten Sonnenstrahl noch nicht zurück im Felsen, verwandeln sie sich zu Stein. Und wenn man außerhalb der Stadt durch die Natur fährt, kann man einige Gesichter und Figuren von Trollen an den Felsen erkennen, die dieses Schicksal erlitten haben.

Der Hochgode Hilmar Örn Hilmarsson auf dem Weg zu einer Mittsommerzeremonie in Þingvellir

Germanische Götter – die Asenglaubensgemeinschaft

Seit Mitte der 1970er-Jahre ist die Asenglaubensgemeinschaft eine anerkannte Religionsgemeinschaft in Island. Verehrt werden nicht nur die Asen, das jüngere und zentrale Göttergeschlecht der nordischen Mythologie, sondern auch andere nordische Götter wie die Schutzgötter des Landes, Riesen, Wanen, Elfen und Zwerge. Die Schriften der Älteren und Jüngeren Edda bilden heute die Grundlage zur Ausübung des Asenglaubens. Sie geben wichtige Informationen über das isländische und germanische Heidentum sowie darüber, wie die Götter in alten Zeiten verehrt wurden.

Als anerkannte Glaubensgemeinschaft können die Priester, „Goden" genannt, und das Oberhaupt der Gemeinschaft, der „Hochgode", Namensgebungen, Eheschließungen und Beerdigungen durchführen. Inzwischen zählt die Gemeinschaft knapp 3200 Mitglieder. Die Glaubensgemeinschaft steht allen offen und beruht im Kern auf der Achtung der Natur und alles Lebendigen, auf Toleranz, Ehrlichkeit und Aufrichtigkeit. Der Mensch ist verantwortlich für sein Leben und sein Handeln. Der Asenglaube ist ein sehr offener Glaube, in dem über die angegebenen Prinzipien hinaus allen freisteht, ihren Glauben nach den eigenen Vorstellungen auszugestalten. In Island kann der Glaubensgemeinschaft beitreten, wer über 16 Jahre alt ist und seinen Wohnsitz in Island hat.

Seit 2003 ist Hilmar Örn Hilmarsson der Hochgode der Glaubensgemeinschaft. Manch einer kennt den Namen vielleicht aus dem Plattenschrank, denn Hilmarsson ist auch ein bekannter Komponist und Musiker, der für mehrere Kinofilme die Musik komponierte. Die wichtigsten Feste im Jahreskreis („Blót") sind die Feier der Wintersonnenwende, des ersten Sommertags (s. S. 76), Mittsommer (Sommersonnenwende) und des ersten Wintertags.

› *www.asatru.is*

› *Tipp: Auf soundcloud.com gibt es den englischen Podcast „Neighbourhood of the Gods" von Visit Reykjavik, der durch das nordische Götterviertel führt, wobei Geschichten zum Leben und Sterben der Götter erzählt werden.*

084rj Abb.: as

033rj Abb.: as

Die isländische Krone

Es existieren in Island tatsächlich Straßen, die umgeleitet, oder Gebäude, die an anderer Stelle errichtet worden sind, weil man annahm, dass in den Felsen, die man dafür sprengen oder wegschaffen müsste, Elfen wohnen. In Kópavogur gleich neben Reykjavík musste die sogenannte Álfhólsvegur (Elfhügelstraße) bis auf eine Spur verengt werden, da in den an die Straße angrenzenden Felsen Elfenfamilien ihr Zuhause haben sollen. Und da viele Isländer befürchten, dass es unangenehme Folgen haben kann, wenn man die Elfen nicht respektiert, hat man sich gerne auf dieses kleine Verkehrshindernis eingelassen. Tatsächlich sind Geschehnisse dokumentiert, wie Baumaschinen nacheinander kaputtgingen, die sich an vermeintlichen Elfenbehausungen (also Steinformationen) vergingen, oder Menschen körperlich oder psychisch krank wurden, die in Häusern auf vermuteten Elfensteinen wohnten. Man sollte es sich also nicht mit den Elfen verscherzen.

Wie ein Phönix aus der Asche

Die meisten Isländer traf der **Untergang der isländischen Krone** und der **Zusammenbruch der Banken** völlig unvorbereitet. Zwar wurde die Krone seit September 2008 stetig abgewertet, aber die meisten hofften zu diesem Zeitpunkt noch, dass es sich um ein Zwischentief handelte, das bald wieder überwunden sein würde. Schließlich hatte man schon in den Jahren davor immer wieder Zeiten starker Inflation erlebt.

Als die Banken dann am 6. Oktober 2008 nur durch Verstaatlichung vor dem Bankrott gerettet werden konnten und viele Isländer ihre Ersparnisse verloren hatten oder sich plötzlich mit Kreditraten konfrontiert sahen, die im Leben nie abbezahlt werden konnten, machte sich eine ungeheure **Hoffnungslosigkeit und Verzweiflung** breit. Denn zu Beginn wusste wirklich niemand, ob und wie es weitergehen würde. Schließlich war allen klar, dass man auf der Insel auf die Importe aus dem Ausland angewiesen ist. Und es war nicht von vornherein selbstverständlich, dass noch irgendjemand Geschäfte mit einem bankrotten Land und dessen wertloser Währung machen würde.

Es dauerte einige Monate, bis sich der Schock und die Angst, nicht überleben zu können, wieder zu lösen begannen.

Immerhin bewirkte die Krise einen **Wandel in der Gesellschaft.** An Weihnachten 2008 und 2009 galt der Slogan „Kauft isländische Waren“ und im Sommer 2009 machten die meisten im Inland Urlaub. Es war ein außergewöhnlich schöner Sommer und viele lernten in dieser Zeit die Vorzüge ihres Landes wieder zu schätzen. Viele hatten das Gefühl, als sei der **Zusammenhalt in der Gesellschaft** größer geworden und man kümmere sich wieder mehr um seine Nachbarn. In den Jahren davor war es normal geworden, mehrmals pro Jahr ins Ausland zu verreisen und ständig neue Dinge anzuschaffen. Alles musste immer größer, teurer, schicker, schöner und vor allem besser als beim Nachbarn sein. Daher empfanden viele den Kurswechsel auch als wohltuend.

Doch der Weg aus der Krise hatte auch seine harten Seiten. Die neue Regierung aus Sozialdemokraten und Grünen fuhr einen strikten **Sparkurs:** Gehälter wurden gekürzt, Arbeitsstellen gestrichen oder Verträge nicht verlängert, während man gleichzeitig teilweise enorme Preissteigerungen zu verkraften hatte. Eine stattliche Zahl von Bürgern zog ins skandinavische **Ausland** um, um dort ihr Glück zu versuchen. Eine Freundin der Autoren formulierte es 2009 so: „Alle, die etwas mit ihren Händen schaffen können, sind weggegangen. Übriggeblieben sind jetzt nur die Dichter und Denker." Tatsächlich ist es immer noch eine Kunst, irgendwo zuverlässige und gute Handwerker zu finden.

Die Krise setzte aber auch ein ungeheuer hohes **kreatives Potenzial** frei. Zum einen wortwörtlich, denn die Jahre 2009 bis 2011 kannten einen nie dagewesenen Babyboom. Zum anderen versuchten viele, die Krise auch als Chance zu sehen, etwas Neues zu beginnen, eine neue Ausbildung anzutreten (die Universität verzeichnete einen Ansturm in den geisteswissenschaftlichen Fächern), ein neues Leben in einem anderen Land zu beginnen oder die Gründung einer eigenen Firma anzugehen. Natürlich überlebten am Ende nicht alle Ideen, doch es sind auch viele interessante Unternehmen geblieben. Auch die isländischen Künstlerinnen und Künstler haben die Gelegenheit genutzt, sich mit den Geschehnissen auseinanderzusetzen und dies in ihrer Kunst zu verarbeiten.

Einer der wichtigsten Faktoren, der zum Weg aus der Krise beigetragen hat, ist der **boomende Tourismussektor.** In jedem Jahr werden neue Besucherrekorde gemeldet und je nachdem, was man betrachtet (Besucherzahlen, Übernachtungen, getätigte Einkäufe etc.), liegen die Zuwächse im Vergleich zum Vorjahr stets irgendwo zwischen 10 und 25 %. Es hat sich erwiesen, dass auch schlechte Nachrichten gute Schlagzeilen sein können, denn die Bankenkrise und die Ausbrüche unaussprechlicher Vulkane, die den internationalen Flugverkehr lahmgelegt haben, haben das Land ins Bewusstsein der Weltgemeinschaft gerückt.

Für viele Besucher waren natürlich die **gesunkenen Preise** durch die schwache Krone ein willkommener Anlass, dem Land endlich mal einen Besuch abzustatten. Das große Interesse hat dazu geführt, dass auch endlich mehr Konkurrenten auf dem Markt erschienen sind, die beispielsweise günstige Flüge von und nach Island anbieten.

Zu Beginn war man in Reykjavík und im Rest des Landes etwas überrumpelt von dem Besucheransturm. Isländer sind zwar sehr unkompliziert und kümmern sich am liebsten selbst um alles, doch dies ist nicht immer die beste Strategie, wenn viele Touristen alle das Gleiche sehen und besuchen wollen. Inzwischen wird allerdings vieles dafür getan, Besuchern den Aufenthalt so schön wie möglich zu gestalten. So ist man z.B. auch hier auf die Idee gekommen, dass es doch ganz sinnvoll sein kann, Ziele gut auszuschildern, gut begehbare Wege anzulegen, sodass der Rest der Natur geschützt ist, oder sich überhaupt grundsätzlich zu überlegen, welche Strategien man im Land mit den hohen Besucherzahlen verfolgen sollte.

In Reykjavík sind beispielsweise sehr viele **Touranbieter** hinzugekommen. Dabei wurden größere Unternehmen sehr groß und bieten daher jetzt jeden Tag eine enorme Zahl von Tagestouren an, während es vor 2008 noch so war, dass man in der Nebensaison von Glück sprechen konnte, wenn Ausflüge am Wochenende angeboten wurden. Andere Reiseveranstalter haben sich spezialisiert und bieten nun auf individuelle Touristeninteressen abgestimmte Touren.

Ein Sektor, der großen Einfluss auf das Stadtbild hat, ist der **Übernachtungsmarkt.** In der Stadt wird an allen Ecken und Enden gebaut. Hat man eine Straße ein paar Monate nicht besucht, braucht man sich nicht zu wundern, wenn dort in der Zwischenzeit ein Hotel oder eine Pension errichtet wurde. Das hat zwar den Vorteil, dass im Zuge der Bautätigkeiten oft auch die Umgebung gleich mit saniert und renoviert wird, was die Gegend zweifellos schöner macht. Aber manche vermissen, was Reykjavík immer so charmant gemacht hat, nämlich die Tatsache, dass hier nicht alles so schön poliert und mit Edelstahl und Glas verkleidet war wie anderswo.

Ferner sorgt der Hotelbauboom teilweise auch für Unmut in der Bevölkerung. Die **Wohnungsnot** ist nämlich tatsächlich ein gravierendes Problem. Der Mietmarkt war traditionell schon immer recht klein, aber seit durch die hohe Nachfrage die Häuserpreise stark gestiegen sind, können es sich viele nicht mehr leisten, selbst eine Wohnung zu kaufen. Zwar hat die Stadt Reykjavík seit Ende 2014 verschiedene Wohnungsbauprojekte in Angriff genommen, doch wird es wohl noch bis 2018 dauern, bevor eine Entspannung auf dem Wohnungsmarkt spürbar sein wird. Für Besucher der Stadt hat dies jedoch Vorteile, denn es sind jede Menge neue und schöne (Hotel-)Zimmer hinzugekommen, ohne die die zunehmenden Touristenzahlen auch gar nicht zu bewältigen wären.

Aber natürlich ist auch den meisten Isländern klar, dass es viele Annehmlichkeiten vielleicht nicht gäbe, wenn nicht so viele Gäste die Stadt besuchen würden. Das Gaststättengewerbe könnte von den Umsätzen der Einheimischen allein wohl nicht überleben, jedenfalls nicht in der derzeit gebotenen Vielfalt. Und die meisten Bewohner der Stadt lieben das Gefühl, eine so große Auswahl zu haben. Damit kann man dann kompensieren, dass hier in der Stadt jeder jeden kennt und man das Gefühl hat, immer wieder dieselben Personen zu treffen.

068rj Abb.: as

Anreise

Flug

Von deutschen Flughäfen fliegen verschiedene Fluglinien direkt nach Reykjavík bzw., um genau zu sein, nach Keflavík, denn der internationale Flughafen Islands, der **Keflavík International Airport**, befindet sich etwa 50 km westlich der Hauptstadt auf dem Gelände der NATO-Basis bei Keflavík. Der Flug dauert etwa 3,5–4 Stunden.

› www.kefairport.is

Icelandair bietet von Frankfurt aus die meisten Verbindungen (vier- bis achtmal pro Woche), weitere von Berlin, Hamburg, Düsseldorf (Umsteigen in Kopenhagen) und München. Die Flüge mit Icelandair sind letztendlich oft auch nicht wirklich teurer als jene der Billigflieger (s. u.). Die Maschinen der Linie haben modern gestaltete Kabinen mit Multimediasystem (Spielfilme, Dokus, Spiele) im Vorderstuhl, deren Benutzung gratis ist. Ebenso umsonst sind die Getränke an Bord (ausgenommen alkoholhaltige Getränke). Gegen Bezahlung werden kleine Speisen (warm und kalt) angeboten. Die Sitzreihen haben einen größeren Abstand (circa 81 cm in der Economy Class) als beim durchschnittlichen Low-Cost-Anbieter.

› www.icelandair.de

Der Billigflieger **Wow Air** fliegt im Winter von Berlin und Salzburg und im Sommer zusätzlich von Düsseldorf. **Germanwings** bietet im Sommer Direktflüge von Hamburg, Düsseldorf, Stuttgart und Köln-Bonn aus ein- bis zweimal pro Woche. Bei Flügen von Berlin-Tegel, Dresden, Leipzig, Nürnberg, Salzburg, Wien und Zürich aus muss man in Stuttgart oder Köln-Bonn umsteigen.

Air Berlin fliegt im Sommer von Berlin und Düsseldorf ein- bis zweimal pro Woche nach Reykjavík. Von Dresden, Frankfurt/Main, Salzburg, Wien, Köln-Bonn, Münster, Nürnberg, München, Stuttgart und Zürich aus muss man auf einem der erstgenannten Flughäfen umsteigen.

› www.wow.is

› www.germanwings.com

› www.airberlin.com

Der **Winterflugplan** (etwa von Mitte/Ende September bis Mitte Mai) der meisten Linien sieht weitaus weniger Verbindungen vor. Auf jeden Fall fliegt Icelandair das ganze Jahr über, wenn auch in den Wintermonaten mit reduzierter Frequenz.

069rj Abb.: as

EXTRATIPP

Self Service Check-in

Im Flughafen Keflavík ist der **Check-in** inzwischen **automatisiert.** Bei den meisten Fluglinien muss man sich mit Namen, Reservierungsnummer oder ausgedrucktem Code selbst einchecken und die Bordkarten sowie Gepäcklabel ausdrucken. Hat man das Label angebracht, geht es zur automatischen Gepäckaufgabe, wo das Gepäck mithilfe der Bordkarte registriert und aufgegeben wird.

Auf dem Flughafen Keflavík angekommen, sputen sich die Isländer schnellstens in den Tax-Free-Shop, um sich noch mit den nötigen **Spirituosen, Zigaretten oder Süßigkeiten** einzudecken. Billiger sind hier auch die **Prepaid-Telefonkarten** (Ersparnis um 24 % Mehrwertsteuer). Die beiden größten Mobilfunknetze Islands sind Síminn und Vodafone.

Die Koffer rollen normalerweise recht schnell vom Band, sodass man nicht allzu lange warten muss. In der Eingangshalle gibt es einen **Geldautomaten.** In Island ist es allerdings kein Problem, auch den winzigsten Betrag mit Kreditkarte zu bezahlen.

Vom Flughafen in die Stadt

Bus

Vom Flughafen sind es knapp 50 km bis zur Innenstadt Reykjavíks. Vor dem Flughafen sammelt der sogenannte **Flybus** von Reykjavík Excursions die Gäste ein, um sie zum zentralen Omnibusbahnhof BSÍ oder zu verschiedenen großen Hotels in Reykjavík zu bringen (eventuell mit Umsteigen am Busbahnhof). Wenn das eigene Hotel nicht dabei ist, lohnt es sich zu fragen, ob ein Hotel in der Nähe angefahren wird, denn oft liegen mehrere Hotels in einer Straße. (Man kann auch bereits bei der Hotelbuchung fragen, ob der Flybus die Unterkunft ansteuert.)

Die **Abfahrt richtet sich nach den Flugzeiten** und erfolgt etwa 35–40 Minuten nach Landung des Flugzeugs, die Fahrt dauert dann 50–75 Minuten. Der Bus hält auch in Hafnarfjörður und Garðabær. Das Unternehmen ist unkompliziert: Es fahren so viele Busse wie nötig.

Fahrkarten kauft man im Tax-Free-Bereich bei Icelandair, in der Halle am Schalter oder am Automaten. Tickets zum Busbahnhof BSÍ: 2500 ISK, mit Rückfahrt 4000 ISK, Tickets zum Hotel kosten 3000 ISK bzw. 5000 ISK (hin und zurück). Direkt am Busbahnhof BSÍ starten nur Überlandbusse. Ein Taxistand befindet sich auf der gegenüberliegenden Seite des Gebäudes. Zwei Stadtbuslinien halten über der Straße in der Gamla Hringbraut.

Man kann bei Reykjavík Excursions auch eine Fahrt buchen, bei der ein eineinhalbstündiger **Zwischenstopp in der Blue Lagoon** eingelegt wird (s. S. 42).

› www.re.is

Einen vergleichbaren Service bietet das Unternehmen Iceland Excursions mit seinem **Airport Express.** Dieser Bus fährt die zentrale Bushaltestelle beim Einkaufszentrum Holtagarðar an, von wo aus die einzelnen Anfahrten zum Hotel organisiert werden. Die Preise betragen hier 2400 ISK bzw. 3900 ISK für Hin- und Rückreise.

› www.airportexpress.is, Tel. 5401313

◁ Vom Flughafen in Reykjavík starten sowohl Inlandflüge als auch Flüge nach Grönland und die Faröer Inseln

Taxi

Wenn man einen **Festpreis vereinbaren** kann durch vorherige Buchung oder Absprache, dann kostet die Fahrt ins Reykjavíker Zentrum etwa 16.000 ISK. Wenn der Zähler läuft, wird der Betrag vor allem nachts und frühmorgens um einiges höher sein.

› www.airporttaxi.is, Tel. 5201212
› www.hreyfill.is, Tel. 5885522

Autovermietung

Verschiedene Autovermietungen haben eine Niederlassung in der Ankunftshalle im Flughafen: Avis, Budget, Hertz und National Car Rental. In der Stadt selbst existieren noch mehr Autovermieter, man kann also auch erst mit dem Flybus in die Stadt und anschließend einen Wagen mieten (Details s. S. 104).

Ausrüstung und Kleidung

Das Wetter ist in Island **sehr wechselhaft** und auch wenn die Reykjavíker Jugendlichen im T-Shirt herumlaufen, bedeutet das noch lange nicht, dass es – relativ zu mitteleuropäischen Maßstäben – warm ist. Es bedeutet nur, dass jetzt offiziell die Sommersaison angebrochen ist. Die Sommertemperaturen bei gutem Wetter liegen zwischen 10 und 15 °C. Eine **regen- und windtaugliche Jacke** sollte man also immer dabei haben, außerhalb der Sommermonate auch **Mütze und Handschuhe.** Wer zudem Outdooraktivitäten im Blick hat, sollte nach Möglichkeit gute Wanderschuhe, wetterfeste Kleidung, Mütze und Handschuhe mitbringen.

Von Mai bis August wird es nachts nicht mehr wirklich dunkel und nicht alle Hotels und Guesthouses sind mit komplett lichtundurchlässigen Gardinen ausgestattet. Falls man bei Helligkeit schlecht schläft, steckt man besser eine **Schlafbrille** ein. Was das Nachtleben angeht, so legen Isländer/-innen großen Wert auf gepflegte Kleidung, daher sollte man zumindest ein **ausgehtaugliches Outfit** mitnehmen.

Autofahren

Allgemeine Hinweise

Wer Ausflüge außerhalb der Stadt unternehmen will, kann entweder Touren bei Reiseanbietern buchen (s. S. 38) oder selbst ein Auto mieten (s. S. 104). Der **Ausbauzustand des isländischen Straßennetzes** verbessert sich stetig. Außerhalb der Städte sind die wichtigsten Straßen wie die Ringstraße Nr. 1 asphaltiert, kleinere Straßen können von Asphalt auf Schotterstraßen übergehen (wird mit Schildern angegeben). Im Inland sind manche Straßen nur mit Vierradantrieb befahrbar.

052rj Abb.: as

Unter dem Schnee liegt eine gefährliche Eisdecke

Am Straßenrand stehen regelmäßig Tafeln, die die Windrichtung und die Temperatur des Straßenbelags angeben. Ohne Erfahrung in Island unterschätzt man leicht die **Stärke des Windes** oder den **Straßenzustand.** Das ganze Jahr über kann man sich bei der Straßenbehörde Vegagerðin gratis über den Zustand von Straßen erkundigen – ein hervorragender Service, den man auf jeden Fall nutzen sollte. Auf der Karte im Internet ist angegeben, welche Straßen wie gut befahrbar und welche Straßen ganz gesperrt sind. Man kann aber auch jederzeit anrufen, wenn man Zweifel hat.

› www.road.is, Tel. 1777 und 1778 (vom Band), Notruf 112

EXTRAINFO

Knöllchen

Sie sind fleißig, die Knöllchenausteiler von Reykjavík. Sollte man also auch nur wenige Minuten zu spät wieder am Auto sein, ist die Chance recht groß, dass man bereits einen Strafzettel an der Windschutzscheibe vorfindet. Zahlen kann man die Knöllchen bei allen Banken und beim Postamt, bar oder mit Kreditkarte. Zahlt man innerhalb von drei Tagen, erhält man einen Rabatt, zahlt man aber später als 14 Tage, erhöht sich der Betrag um 50 %!

Gefährliche Situationen in Island entstehen häufig, weil Fahrer **mit zu hoher Geschwindigkeit für die jeweilige Situation** fahren oder die Straßenbedingungen unterschätzen. Vor allem plötzliche Wetterwechsel, unübersichtliche Verhältnisse und **Schafe oder andere Tiere auf der Fahrbahn** führen regelmäßig zu Unfällen. Es kann außerhalb der Stadt jederzeit passieren, dass Schafe oder Pferde plötzlich auf die Idee kommen, die Straße überqueren zu wollen. Manchmal rennt zudem ein Hund wie von der Tarantel gestochen von einem Hof auf die Straße, um das Auto zu stellen oder eine Weile mitzulaufen. Viele Touristen unterschätzen diese Gefahren, also unbedingt wachsam und vorsichtig fahren! Wer plant, in Island selbst mit dem Auto unterwegs zu sein, sollte sich den kurzen **Informationsfilm** auf www.safetravel.is/driving ansehen:

› **Höchstgeschwindigkeiten:** innerorts 50 km/h, außerorts 90 km/h (asphaltierte Straße) bzw. 80 km/h (Schotterstraßen und für Fahrzeuge mit Anhänger). Grundsätzlich gilt: Die oben genannten Geschwindigkeiten sind die maximal zulässigen. Die Geschwindigkeit ist aber jederzeit an die entsprechende Straßen-/Wettersituation anzupassen.

- In Island gilt die **0,5-Promille-Grenze.**
- Das **Abblendlicht** muss zu jeder Tages- und Nachtzeit eingeschaltet sein.

Tankstellen

Tankstellen sind in vielen kleineren Orten der **Mittelpunkt des sozialen Lebens.** Hierhin kommt man nicht nur zum Tanken, sondern auch zum Einkaufen oder Kaffeetrinken. In vielen erhält man auch kleine warme Snacks wie Hotdogs oder Burger.

Vor allem außerhalb der Stadt kann man an den Säulen teilweise nur mit **Prepaid-Karten** tanken, die man an den Tankstellen (jede Gesellschaft hat ihre eigenen Karten) zu Beträgen zwischen 2000 und 10.000 ISK erwerben kann. Bei anderen Tankstellen muss man einen Knopf drücken oder sich erst drinnen melden, wenn die Kreditkarte nicht im Automat funktioniert und man drinnen bezahlen möchte. Große Tankstellen haben Selbstbedienungssäulen und (teurere) Säulen mit Service.

Parken

In der Innenstadt gestaltet sich die Parkplatzsuche vor allem im Sommer etwas schwierig, wenn viele Touristen mit einem Mietwagen unterwegs sind und einige Straßen gesperrt werden, um Fußgängerzonen zu kreieren. Sonst kann man normalerweise eine Parkmöglichkeit um die Ecke finden. Die recht gemäßigten **Parkgebühren** (50–275 ISK pro Std.) sollte man auf jeden Fall bezahlen, denn die Kontrolleure schreiben fleißig Knöllchen.

In der Innenstadt gibt es sieben **Parkhäuser,** in die man von 7 bis 24 Uhr hineinfahren und rund um die Uhr hinausfahren kann.

Mietwagen

Mietwagen vermitteln die Touristeninfos (s. S. 108) oder die einzelnen Firmen selbst. Die Saison ist recht kurz und die Autos leiden einigermaßen unter den isländischen Straßenbedingungen, daher sind die **Preise recht hoch** (von etwa 60 € pro Tag für einen Kleinwagen in der Nebensaison bis etwa 450 € für einen großen Jeep mit Vierradantrieb in der Hochsaison). Für 3–4 Personen kann es sich daher rechnen, ein Taxi für eine Tagestour anzumieten. Hier eine **Liste der Anbieter von Mietwagen** in Reykjavík:

- **www.atak.is**
- **www.avis.is**
- **www.budget.is**
- **www.redcar.is**
- **www.europcar.is**
- **www.hertz.is**
- **www.sixt.is**

Normalerweise bieten die Autoverleiher einen **Hol- und Bringservice.** Man wird von der Unterkunft abgeholt und zur Vermietungszentrale chauffiert.

Barrierefreies Reisen

Die Stadt selbst ist zwar nicht außergewöhnlich hügelig, aber doch einigermaßen beschwerlich, wenn man schwer zu Fuß oder im Rollstuhl unterwegs ist. Im Winter (kann sich bis in den April hinziehen) wird sehr wenig gestreut oder saubergefegt. Zwar sind in der alten Innenstadt die Straßen mit Heißwasserleitungen unterlegt, weshalb **Eis und Schnee** relativ schnell auch wieder verschwinden, aber es bleiben **viele rutschige und schwierige Stellen.** Die meisten Hotels, Gaststätten und öffentlichen Einrichtungen (Museen) sind barrierefrei.

Iceland Unlimited, Tel. 4150600, www.icelandunlimited.is, bietet Reisen für Behinderte in Island an. Alternativ kann man mit der Behindertenorganisation Reykjavíks Kontakt aufnehmen:

- •160 [I5] **Sjálfsbjörg landssamband fatlaðra,** Hátún 12, Tel. 5500360, www.sjalfsbjorg.is, Mo.–Fr. 9–12 und 12.30–15 Uhr
- › Bei der Touristeninformation (s. S. 108) liegt eine **Broschüre mit Informationen über die Zugänglichkeit von Gebäuden** in Reykjavík aus.

Diplomatische Vertretungen

- •161 [C5] **Deutsche Botschaft Reykjavík,** Laufásvegur 31, 101 Reykjavík, Tel. +354 5301100, Bereitschaftsdienst für Notfälle: +354 6637800, www.reykjavik.diplo.de, Mo.–Fr. 9–12 Uhr
- •162 [S13] **Österreichisches Honorargeneralkonsulat,** Orrahólar 5, 111 Reykjavík, Tel. +354 5575464, www.bmeia.gv.at, Mo.–Do. 9–16 Uhr. Keine Botschaft vor Ort, erste Anlaufstelle ist der Generalkonsul.
- › In Reykjavík gibt es zwar ein Schweizer Konsulat, sämtliche Korrespondenz ist aber an die **Botschaft in Stockholm** (Schweden) zu richten (Valhallavägen 64, 10041 Stockholm, www.eda.admin.ch/stockholm, Tel. +46 8 6767900).

Ein- und Ausreisebestimmungen

Für die Einreise braucht man einen gültigen deutschen, österreichischen oder Schweizer **Personalausweis oder Reisepass**, der drei Monate länger gültig ist als die Reisezeit. Für die **Einfuhr von Waren** siehe die detaillierten Informationen auf der folgenden (englischsprachigen) Internetseite:

- › www.kefairport.is/English/At-the-Airport/Before-Departure/Customs-Regulations

Das Mindestalter für die **Einfuhr von Alkohol** beträgt 20 Jahre, für Tabak 18 Jahre. **Angel- und Reitausrüstungen müssen desinfiziert sein** (von öffentlicher Stelle mittels Zertifikat nachgewiesen), ansonsten muss alles noch einmal in Island auf eigene Kosten desinfiziert werden. Weitere Informationen unter Tel. +354 5600300.

Reisen **Kinder** nur mit einem Elternteil, kann sowohl bei der Ausreise als auch bei der Einreise eine Einverständniserklärung des anderen Elternteils erforderlich sein. Detailinfos erhält man beim Auswärtigen Amt und beim zuständigen Konsulat.

Für die **Mitnahme von Haustieren** benötigt man eine Genehmigung des isländischen Landwirtschaftsministeriums. Eine Quarantänezeit ist auf alle Fälle obligatorisch.

Elektrizität

Die Stromspannung im isländischen Netz beträgt 220 Volt bei 50 Hertz, entspricht also dem mitteleuropäischen Standard. Auch die Steckdosen entsprechen den unseren.

Geldfragen

Währung und Preise

Die offizielle Währung ist die **Isländische Krone, ISK** oder kr. abgekürzt.

Am Flughafen und in der Innenstadt gibt es zahlreiche Geldautomaten, an denen man mit einer **Maestro-(EC-) Karte** Geld abheben kann, und in den Banken kann man Euros in Kronen umtauschen, aber eigentlich bezahlen die Isländer alles – selbst sehr kleine Beträge – mit **Kreditkarte.** Reisende mit **VPAY-Karten** sollten sich nicht darauf verlassen, überall problemlos Geld abheben, geschweige denn in Geschäften damit bezahlen zu können.

Island ist generell kein Billigland, da sehr vieles importiert werden muss. Seit 2015 befindet sich die Krone durch die Nachfrage der ständig steigenden Touristenzahlen auf einem neuen Höhenflug, was bedeutet, dass man für einen Urlaub wieder einen großen Geldbeutel mitbringen sollte. Touristen müssen in der Stadt mit recht **saftigen Preisen** rechnen. Ein 3-Gänge-Menü in einem guten Restaurant schlägt mit etwa 8000 bis 10.000 ISK zu Buche.

Auch für die Isländer selbst sind die Lebenshaltungskosten seit Beginn der Finanzkrise erheblich gestiegen, was 2015 zu vielen Streiks und Lohnkämpfen geführt hat. Wirtschaftsexperten fürchten daher, dass es wieder zu einer erhöhten Inflation kommen könnte.

Weitere **Preisbeispiele:** Eine Tasse Tee oder Kaffee kostet meist 450–650 ISK, ein Stück Kuchen 900–1600 ISK, belegte Brote zum Mitnehmen 800–1400 ISK, Erfrischungsgetränke im Café/Restaurant 450–650 ISK. **Alkohol ist teuer,** ein Bier kostet 750–1300 ISK, ein Glas Hauswein 1300–1600 ISK.

In den Sommermonaten muss man pro Person für eine **Übernachtung** in Hotel oder Apartment 12.000–24.000 ISK einplanen. Ein Bett im Schlafsaal der Jugendherberge kostet zwischen 4000 und 10.000 ISK. Der große Vorteil eines Apartments ist, dass man sich selbst versorgen und so die Kosten für die (Zwischen-) Mahlzeiten reduzieren kann.

Der Eintritt in die Museen der Stadt schlägt mit 1500–2000 ISK zu Buche. Ausflugstouren in das Umland der isländischen Hauptstadt kosten je nach Länge und Materialaufwand 10.500–35.000 ISK.

EXTRAINFO

Nach einem zwischenzeitlichen Tief nach dem finanziellen Zusammenbruch hat sich die Krone gegenüber Euro und Dollar auf hohem Niveau erholt. Noch immer fluktuiert der Kurs einigermaßen (im Sommer ist die Krone teurer als etwa im Februar) und es ist durchaus sinnvoll, den jeweiligen **Tageskurs** zu checken, z. B. auf › **www.oanda.com.**

Aktueller Kurs (Stand April 2017):

1 € = 118 ISK,
1 CHF = 110 ISK
100 ISK = 0,85 € bzw. 0,90 CHF

Umrechnungskurs am Geldautomaten

Beim Abheben von Bargeld in Landeswährung wird manchmal angeboten, dass die Abrechnung mit dem eigenen Konto in Euro erfolgen kann. Das Verfahren ist als **Dynamic Currency Conversion (DCC)** bekannt. Wählt man diese Option, die ja sicherer erscheint, wird aber ein ungünstiger Wechselkurs zugrundegelegt, der erhebliche Kosten verursachen kann. Deshalb sollte man **Abhebungen im-**

mer in der Landeswährung vom eigenen Konto abbuchen lassen. Dann legt die eigene Bank den offiziellen Devisenkurs zugrunde.

Taxfree

Für alle Dinge, die man als Ausländer in Island erwirbt und ausführt, kann man ein **Tax-Free-Formular** erhalten, wenn man auf einmal Waren im Wert von mindestens 6000 ISK erwirbt. Im Laden wird das Formular gleich mit dem Kassenbon ausgedruckt. (Ausnahme: Auf Kunsthandwerk, das man direkt beim Künstler erwirbt, wird keine Mehrwertsteuer berechnet.)

Nach dem Einlösen des Formulars **erhält man bis zu 14 % des Einkaufsbetrags zurück.** Der Tax-Free-Schalter befindet sich in der Flughafenhalle im Erdgeschoss vor der Sicherheitskontrolle. Man sollte etwas Geduld mitbringen, denn dort kann sich eine relativ lange Schlange bilden. Der Schalter ist geöffnet, solange Abflüge geplant sind. Den Betrag kann man sich sofort in Isländischen Kronen oder einer anderen Währung auszahlen oder auf der Kreditkarte gutschreiben lassen. Wichtig ist, dass man die gestempelten Formulare auf dem Flughafen in den Briefkasten neben dem Tax-Free-Schalter wirft oder von zu Hause zurückschickt, sonst wird der gesamte Mehrwertsteuerbetrag von 24 % abgebucht.

Die Waren, für die man den Tax-Free-Status beantragt, muss man bei sich haben und eventuell vorzeigen.

Reykjavík preiswert

- Die **Reykjavík City Card** gewährt gratis Zugang zu Museen, Schwimmbädern, Bus, Viðey-Fähre und Internetportalen in den Touristeninformationen. Sie kostet für 24 Std. 3700 ISK, für 48 Std. 4900 ISK und für 72 Std. 5900 ISK und ist in den Touristeninformationen, z. B. Rathaus und Bankastræti (s. S. 108), am BSÍ Busbahnhof (s. S. 108), in den Hostels und verschiedenen Hotels erhältlich.
- In der ganzen Stadt liegt in vielen Läden, Unterkünften und den Touristeninformationen ein kleiner, informativer gelber **„Visitor's Guide“** aus, der Rabattgutscheine für bestimmte Restaurants und Geschäfte enthält.
- Das **Wasser aus dem Wasserhahn** ist von hervorragender Qualität und überall frei zu bekommen. Für unterwegs kauft man also nur einmal eine Flasche, die man dann immer wieder nachfüllt. In Cafés und Restaurants ist das Wasser kostenlos. Teilweise kann man sich auch Kaffee oder Tee kostenlos nachschenken lassen. Dies gilt allerdings nur für den normalen Kaffee nicht für Latte, Cappuccino oder Ähnliches.
- Verhältnismäßig günstig sind **lokale Spezialitäten** wie Skyr (s. S. 53), Fisch und auch Lammfleisch.
- Im Juni, Juli und August bietet die Stadtbibliothek (Tryggvagata 15) einmal pro Woche gratis **Literatur-Touren** durch die Stadt an. Während der Rundgänge werden Orte der Stadt besucht, die in der isländischen Literatur eine wichtige Rolle spielen. Man kann sich auch Rundgänge (vier englische und einen deutschen) auf das Handy herunterladen und selbst loslaufen (www.bokmenntaborgin.is/en/literary-walks-and-trails).

Informationsquellen

Infostellen in Reykjavík

163 [B4] **Touristeninformation der Stadt Reykjavík (Tourist Information Centre),** im Rathaus, Tjarnargata 11, Tel. +354 4116040, tgl. 8–20 Uhr, www.visitreykjavik.is. In der zentralen Touristeninformation (mit Internetzugang) im Stadtzentrum liegt jede Menge Informationsmaterial aus, zudem wird man zum aktuellen, laufenden Programm in der Stadt beraten. Außerdem bestehen Buchungsmöglichkeiten für Tagestouren, Mietwagen und Hotels. Hier erhält man auch die Reykjavík City Card (s. S. 107), die viele Vergünstigungen bietet.

164 [C4] **The Icelandic Travel Market,** Bankastræti 2, Tel. +354 5224979, www.itm.is, Juni–Aug. tgl. 8–21 Uhr, Sept.–Mai tgl. 9–19 Uhr, mit Internetzugang. Auch hier finden sich alle interessanten Informationen und Buchungsmöglichkeiten und auch hier kann man Touren verschiedener Anbieter buchen. Zum Unternehmen gehören Iceland Rovers und Icelandic Mountain Guides.

165 [C6] **Busbahnhof BSÍ (Umferðamiðstöðin BSÍ),** Vatnsmýrarvegur 10, 101 Reykjavík, Tel. +354 5805400, www.bsi.is, tgl. 3–24 Uhr. Mehrere Busunternehmen, die Überlandfahrten anbieten, haben sich zusammengeschlossen und direkt am Busbahnhof BSÍ einen gemeinsamen Infoschalter eröffnet. Hier gibt es auch einige Gepäckschließfächer.

- **Fahrplanauskünfte:** In allen Touristeninformationen und den Busbahnhöfen liegen Pläne mit den Buslinien und Fahrzeiten der innerstädtischen Busse aus.

055rj Abb.: as

Die Reykjavíker Touristeninformation in der Aðalstræti

Fundbüros

166 [F5] **Polizei,** Hverfisgata 113, Tel. 4441000, Mo.–Fr. 8–16 Uhr

Am Flughafen kümmern sich folgende Stellen um Verlorengegangenes:

- **IGS Airport Services (Icelandair und SAS, Edelweiss, Lufthansa, Austrian),** Tel. 4250226, baggage@icelandair.is
- **Airport Associates (EasyJet, Germanwings, Fly Nikki, Wow Air, Air Berlin),** baggage@airportassociates.com, Tel. 4250750
- **Property Office – Airport Terminal Police,** Tel. 4442290, sli@police.is, Mo.–Fr. 8.30–12.30, Tel. Mo.–Fr. 9–16 Uhr. Hier sammeln sich all jene Dinge, die im Flugzeug oder in der Eingangs- oder Abflughalle verloren gegangen sind.

Tickets

Es gibt **kein zentrales Ticketbüro,** aber die Website www.midi.is, über die die meisten Karten angeboten werden. Man kann seine Tickets auch an der Abendkasse kaufen. Möchte man sich über das kulturelle und sportliche Angebot informieren oder ist man sich nicht sicher, wie man an Karten kommt, so hilft die Touristeninfo (siehe links) gerne tatkräftig weiter.

Reykjavík im Internet

Isländer haben eine Vorliebe für alles Neue. Daher sind viele Unternehmen, Cafés, Restaurants und Bars inzwischen dazu übergegangen, die Website eher nebenher laufen zu lassen und ihre Energie auf die jeweiligen **Facebook-Seiten** zu konzentrieren, wo Sonderangebote, Konzerttermine und andere Nachrichten direkt an alle Freunde weitergeleitet werden. Alle folgenden Websites sind (auch) in englischer Sprache:

- **www.icelandicartcenter.is:** Website des Center for Icelandic Art. Wer sich für zeitgenössische isländische Kunst interessiert, findet auf dieser Seite Informationen über Künstler, Institutionen und nützliche Links.
- **www.gayice.is:** Informationsportal zu aktuellen Entwicklungen, Adressen und Tipps der queeren Szene
- **www.grapevine.is:** Onlineversion der Zeitung (s. S. 110), die oft einen recht bissigen Blick auf das Geschehen hat.
- **www.icelandreview.com:** täglich aktualisierte Website mit Nachrichten und kurzen Artikeln zum Leben in der Stadt
- **www.inreykjavik.is:** Ausführliche Website der Autoren zu Sehens- und Erlebenswertem in der Stadt. Macht da weiter, wo im Buch zu wenig Platz ist.
- **www.ja.is:** Auf der zentralen isländischen Adressenwebsite kann man das Telefonbuch *(símaskrá),* oder eine Landkarte *(kortavefur)* durchforsten. Die Onlinekarte zeigt auf dem genausten Zoomniveau sogar die Hausnummern an. Um isländische Buchstaben einzugeben, betätigt man den Knopf „íslenskir stafir“ bzw. „Icelandic letters“. Die korrekte Schreibweise ist sehr wichtig, denn das Programm zeigt keine ähnlichen Treffer. Das Telefonbuch umfasst das ganze Land und ist nach Vornamen geordnet, es kann nach Namen, Straßennamen und Telefonnummern durchsucht werden.
- **www.restaurants.is:** Portal mit Restaurantbeschreibungen, zu Reykjavíks Gastronomie auch einigermaßen vollständig, teilweise mit Kommentaren und Gästebewertungen
- **www.reykjavik.is:** offizielle Website der Stadt
- **www.sundlaugar.is:** Informationsseite zu rund 200 Schwimmbädern und heißen Quellen in Island
- **www.visitreykjavik.is:** Die offizielle Touristeninformationsseite der Stadt Reykjavík ist die ideale Startseite für einen Reykjavíkbesuch, denn sie ist gespickt mit sehr viel nützlichen Besucherinfos, von der Unterkunft über Restaurants und Schwimmbäder hin zu Touren auch außerhalb der Stadt, kulturellen Events und Hintergrundinfos zur Stadt.

App-Tipps

- **Grapevine Appy Hour:** Sammlung von Happy-Hour-Angeboten der Bars der Stadt (kostenlos für Android und iOS).
- **Strætó:** Umfassende App der Busbetriebe (statt der isländischen Buchstaben kann man „straeto“ eingeben, Anzeige auch auf Englisch): Buslinien, Fahrpläne, Preise und eine Livekarte, auf der man sieht, wo gerade welche Busse fahren (kostenlos für Android und iOS).
- **112 Iceland:** App, die der Rettungswacht in Notfällen die Suche nach Reisenden erleichtert. Mit einem Notfall-Knopf kann man seine GPS-Daten und ein Notsignal senden und mit einer weiteren Funktion in regelmäßigen Abständen seine GPS-Daten senden, sodass im Notfall leichter zu bestimmen ist, wo gesucht werden soll (kostenlos für Android und iOS).

Publikationen und Medien

Für Touristen liegen in den Touristeninformationsstellen, in Hotels, Guesthouses und teilweise in den Buchläden und Cafés **jede Menge Broschüren** aus. Im Prinzip sind alle Broschüren in englischer Sprache gehalten, nur äußerst selten findet sich etwas auf Deutsch. Alle Broschüren sind mit Stadtplänen ausgestattet.

- **What's on:** Informiert für den jeweiligen Monat über die Termine für Ausstellungen und Veranstaltungen (Musik, Theater, Tanz). Adressen und Öffnungszeiten von Kultureinrichtungen (www.whatson.is).
- **Grapevine:** Im zwei- (Sommer) oder vierwöchigen Turnus erscheinende Zeitung mit Artikeln zum aktuellen Geschehen und vielen Informationen zu Restaurants und Veranstaltungsorten sowie einem aktuellen Kalender, der darüber Auskunft gibt, welche musikalischen Ereignisse wo stattfinden (www.grapevine.is).
- **Visitor's Guide:** In der ganzen Stadt liegt ein kleiner, informativer gelber „Visitor's Guide" aus, der Rabattgutscheine für Restaurants und Geschäfte enthält.

In allen Buchhandlungen (s. S. 69) findet man **deutschsprachige Zeitungen**, die auf Anfrage ausgedruckt werden, sowie übersetzte Bücher isländischer Autoren.

EXTRATIPP

Günstige Angebote

Möchte man sich über **Sonderpreise** z. B. im Supermarkt informieren, schaut man am besten in eine Zeitung. Morgunblaðið ist eine (eher konservativ geprägte) Qualitätszeitung, DV eher ein Boulevardblatt und Fréttablaðið eine Gratiszeitung. In Cafés und Kneipen liegen normalerweise wenigstens Exemplare von Fréttablaðið aus.

Unsere Literaturtipps

Hier finden Sie unsere persönlichen Lesevorschläge. Alle Romanautoren haben nationale und internationale Preise gewonnen und gehören zu den besten Literaten Islands.

Klassiker

- *Die **Sagen der Edda** (Jüngere und Ältere Edda) vermitteln einen Einblick in die Geschichte der Isländer, mit der sich auch die modernen Inselbewohner noch verbunden fühlen. Die Sagen gelten als nationales Erbe und sind ein wichtiger Bestandteil der nationalen Identität.*
- *Der literarische Großvater der heutigen Autorengeneration, **Halldór Laxness,** gewann 1955 den Nobelpreis für Literatur. Seine Werke, in denen er seine Landsleute immer mit einem ironischen Abstand betrachtet, sind allesamt Klassiker. (Eine spannende Biografie über ihn stammt von Halldór Guðmundsson.)*

Romane zeitgenössischer Autoren

- ***Arnaldur Indriðason:** Mit „Nordermoor", einem stimmungsvollen Kriminalroman der Extraklasse (verfilmt), fing alles an. Davon zeugen auch die unzähligen nationalen und internationalen Preise für seine Reihe um den Kriminalkomissar Erlendur Sveinsson. Arnaldur Indriðasons Kriminalromane spielen sich zum größten Teil in der Hauptstadt Reykjavík ab. Arnaldur Indriðason ist der erfolgreichste Autor Islands.*
- ***Auður Jónsdóttir,** die Enkelin von Halldór Laxness, hat sich im skandinavischen Sprachraum*

mit Romanen und Theaterstücken bereits als witzige und scharfe Beobachterin der Gesellschaft etabliert. Auf Deutsch sind „Jenseits des Meeres liegt die ganze Welt" und „Wege, die das Leben geht" erschienen.

- ***Einar Kárason,** der „John Irving Islands", schreibt mit viel Witz rasante Romane über Typen, die am Leben scheitern. „Die Teufelsinsel" gilt als moderner Klassiker.*
- ***Hallgrímur Helgason:** Sein Buch „101 Reykjavík" ist schon jetzt ein moderner Klassiker. Seine (Anti-) Helden beschreibt der Autor, der außerdem Comics zeichnet, mit viel schwarzem Humor.*
- ***Kristín Marja Baldursdóttir:** Die Autorin gibt mit ihren Romanen über starke Frauen Einblicke in die Entwicklung der isländischen Gesellschaft und in die neuere Geschichte. „Möwengelächter" wurde verfilmt, „Die Eismalerin" und „Die Farben der Insel" sind ein prächtiges Familienepos über das 20. Jh. in Island.*
- *Mit „Schattenfuchs" legte **Sjón,** der eigentlich Sigurjón Birgir Sigurðsson heißt, einen viel beachteten Roman vor. Er verfasst außerdem Lyrik, Liedtexte und Drehbücher. Für seine Liedtexte für Lars von Triers Film „Dancer in the Dark" erhielt er eine Oscar-Nominierung.*

Kinderbücher

- *Der Autor und Illustrator **Thorarinn (Þórarinn) Leifsson** – kurz „Totil" genannt – hat mit „Papas Geheimnis" ein äußerst originelles, mit viel schwarzem Humor angereichertes Kinderbuch geschrieben – unbedingt lesenswert!*
- *In der spannenden „Geschichte vom blauen Planeten" erzählt **Andri Snær Magnason** von einem Planeten, auf dem nur Kinder wohnen, die machen, was sie wollen, und dabei glücklich sind. Als ein Erwachsener kommt, ist die Idylle gefährdet.*

Sachbücher

- *Geschichte: **Gunnar Karlsson, „Eine kompakte Geschichte Islands"**, Reykjavík, 2010. Die Geschichte Islands kurz und knackig auf 72 Seiten und nicht ohne Humor erklärt (Verlag in Island).*
- *Reise und Literatur: **Arthúr Björgvin Bollason, „Island: Ein Reisebegleiter"**, Frankfurt, 2009. Stimmungsvolles Buch auf den Spuren isländischer und internationaler Autoren auf der Insel.*
- *Reise und Literatur: **Ursula Spitzbart, „Zwischen Licht und Dunkel – Abenteuer Alltag in Island"**, Oldenburg, 2010. Einblicke in das tägliche Leben auf der Atlantikinsel. Als Lesefutter nach der Reise oder als Geschenk für alle, die mehr über Island erfahren möchten.*
- *Gesellschaft: **Andri Snær Magnason, Traumland"**, Freiburg, 2011. Dieses wichtige Sachbuch über den Ausverkauf eines Landes und die globale Macht großer, proftigieriger Konzerne wurde auch als Dokumentarfilm auf der ganzen Welt gezeigt und diskutiert.*

Wer ungestört speziell isländische Bücher und DVDs durchstöbern möchte, dem sei folgende spezialisierte Website ans Herz gelegt:

- *www.islandbuecher.de*

Internet und Internetcafés

In Reykjavík sind eigentlich alle mit Laptop, Tablets oder Smartphones unterwegs, weshalb man sich in fast allen Cafés oder Kneipen ins **WLAN-Netz** einloggen kann. Viele nutzen diese auch als Arbeitsplatz. Auch die meisten Hotels, Hostels und Gästehäuser bieten einen Internetzugang. Öffentlich zugängliche PCs (1–4 Plätze) findet man hier:

› **Touristeninfo im Rathaus** (s. S. 108)
› **The Icelandic Travel Market** (s. S. 108)
•167 [C3] **Stadtbibliothek,** Tryggvagata 15
@168 [K9] **GZero,** Grensásvegur 16, www.groundzero.is. 80 Computer und Möglichkeit zu drucken.

Medizinische Versorgung

› **Notrufnummer:** Tel. 112
✚169 [J15] **Bereitschaftsdienst (Læknavaktin),** Smáratorg 1, Kópavogur, Tel. 1770, Mo.-Fr. 17-23.30, Sa./So. 9-23.30 Uhr
✚170 [L7] **Heilsuvernd,** Alfheimar 74 (Glæsibær-Haus), Tel. 5106500, www.hv.is, Mo.-Fr 8.30-16 Uhr. Privates Ärztezentrum. Eine Voranmeldung ist empfehlenswert, da der Gesundheitssektor in Island mit großem Personalmangel zu kämpfen hat. Ein Arztbesuch kostet 22.000 ISK.
✚171 [I10] **Notaufnahme Staatl. Krankenhaus Fossvogur,** Tel. 5432000, bei Háaleitisbraut und Bústaðavegur
✚172 [B3] **Staatl. Gesundheitszentrum (Heilsugæslustöð) Stadtmitte,** Vesturgata 7, Tel. 5852600, www.heilsugaeslan.is (hier sind weitere Zentren zu finden), 8-16 Uhr nach Terminvereinbarung (mit Ausweis und europäischer Versicherungskarte 1200 ISK, ohne 9000 ISK), 16-18 Uhr ohne Terminvereinbarung (3100 bzw. 13.500 ISK)
› Infonummer **diensthabender Zahnärzte:** Tel. 5750505, www.tannsi.is

Apotheken im Zentrum

✚173 [D4] **Lyfja Apótek (1),** Laugavegur 16, Tel. 5524045, Mo.-Fr. 9-18, Sa. 11-16 Uhr
✚174 [I6] **Lyfja Apótek (2),** Lágmúli 5, Tel. 5332300, tgl. 8-24 Uhr

Mit Kindern unterwegs

Reykjavík hat für junge Besucher einiges zu bieten. Oftmals sind Museen, Schwimmbäder und andere Attraktionen für Kinder und Jugendliche entweder umsonst oder mit deutlichem Rabatt zugänglich.

Drinnen

Alle hier genannten Museen haben interessante und moderne Multimedia- und spielerische Bereiche, die speziell für Kinder und Jugendliche geeignet sind. Die Beschriftungen in den Museen sind meist auf Englisch gehalten, manchmal gibt es auch Broschüren mit deutschen Texten.

❷ [B4] **871±2.** Wie zu Wikingerzeiten Häuser gebaut wurden und wie diese aussahen. Die Ausstellung ist multimedial interessant gestaltet und zeigt Ausgrabungsfunde der ersten Siedlung Reykjavíks.

Am Seemannstag (s. S. 77) lädt der Hafen Groß und Klein zur Besichtigung ein

› **Ásmundur Sveinsson Museum** (s. S. 44). Hier darf man im Skulpturengarten sogar in manchen Installationen herumkraxeln, zudem ist der Eintritt unter 18 Jahren frei.

27 **Energiezentrale Hellisheiði.** Geothermale Energiezentrale, in der man kindgerecht an riesigen und kleinen Touchscreens viele Informationen dazu bekommt, wie die erneuerbare Energie für Islands Hauptstadt gewonnen wird. Außerdem werden Infos zum Phänomen Erdbeben präsentiert. Tipp: Vor dem Bildschirm hüpfen und schauen, wie sich die Amplitude verändert.

11 [C3] **Flohmarkt Kolaportið.** Kunterbuntes Allerlei, auch für Kinder und Jugendliche geeignet.

16 [B5] **Nationalmuseum.** Hier begeistern u. a. Schwerter, Gebrauchs- und Kultgegenstände und Bücher seit der Wikingerzeit das junge Publikum. Beispielsweise können Kinder in einem extra Raum wiegen, wie schwer ein Kettenhemd eigentlich ist, oder erfahren, wie es sich anfühlt, Schild und Schwert in Händen zu halten, und wie man in historischer Kleidung aussieht. Audioführung mit MP3-Player auch auf Deutsch.

› **Saga Museum** (s. S. 47). Das Wachsfigurenkabinett mit lebensgroßen Wikingern ist für Kinder sicherlich interessant. Dargestellt werden verschiedene Szenen aus der reichen Geschichte des Landes. Die einzelnen Stationen sind nicht nur mit lebensechten Figuren, sondern auch mit authentischen Werkzeugen, Waffen und Alltagsgegenständen ausgestattet.

Draußen

› **Erklimmen der Hallgrímskirkja** 14: Nachdem Klein und Groß die letzten Treppenstufen des Kirchturms erklommen haben, werden sie mit einer tollen Aussicht über Stadt, Land und Meer belohnt.

› **Freibäder** (s. S. 116). Alle Schwimmbäder sorgen gut für kleine Gäste. Es gibt Becken zum Spielen und oft Rutschbahnen. Schwimmflügel kann man gratis leihen. Das warme, geothermale Wasser sorgt jederzeit für Badespaß.

20 [S11] **Freiluftmuseum Árbæjarsafn.** So lebte man früher in Island. Mehr als 40 historische Gebäude einschließlich Inneneinrichtung bekommt der (junge) Besucher zu Gesicht, auch die historischen Werkzeuge verschiedener Berufe. Im Sommer tummeln sich zudem Haustiere auf dem Gelände, Spiele von damals lassen Kinderherzen höher schlagen.

› **Pferdereiten:** Die isländischen Pferde sind zäh, gutmütig und lange nicht so hoch wie die Pferde hierzulande. Das nimmt Kindern die erste Angst vor Pferden und erhöht den Spaßfaktor.

•175 [L6] **Reykjavík Familienzoo und -park,** Engjavegur (neben der Eislaufhalle), Tel. 4115900, www.mu.is, tgl. 10–18 Uhr, 15.8.–31.5. 10–17 Uhr, 5–12 J. 650 ISK, über 12 J. 860 ISK, Fahrkarten: einzeln 320 ISK, *Multi Ride Pass* 2200 ISK. Circa 150 Tiere (19 Arten), darunter Seehunde, arktische Füchse und Rentiere, begeistern das junge Publikum. Außerdem gibt es im großen Zirkuszelt naturwissenschaftliche Phänomene zum Anfassen und Ausprobieren, des Weiteren kleinere Fahrattraktionen wie auf dem Jahrmarkt (nur im Sommer), Pferdereiten und ein Café-Restaurant. Gleich nebenan kann man durch den botanischen Garten der Stadt spazierengehen.

› **Tjörnin** [B/C4]: Enten, Gänse und Schwäne füttern am Stadtteich – besonders am Samstag eine beliebte Beschäftigung der Reykjavíker Familien.

21 [P1] **Viðey.** Auf die kleine Insel gegenüber der Stadt setzt man mit der Fähre innerhalb weniger Minuten über. Auf der Insel fahren keine Autos, dafür laufen Schafe frei herum. Hier kann man gemütlich spazieren gehen, mit dem Fahrrad fahren (Verleih durch Reykjavik Bike Tours), die Kunstinstallationen, inklusive des Yoko Ono Peace-Tower, bestaunen und im Café eine Pause genießen. Ein schöner Halbtages- bis Tagesausflug für die ganze Familie.

› **Walbeobachtung** (s. S. 41). Schifffahren ist für Kinder immer eine aufregende Sache. Und wenn man hier im Nordatlantik dann noch Delfine und Wale dabei beobachtet, kann an dem Tag eigentlich nichts mehr schief gehen. Auch bei sonnigem, warmen Wetter gilt: Warme, vor Regen und Wind schützende Keidung tragen.

Notfälle

› **Allgemeine Notrufnummer:** Tel. 112 (Polizei, Feuerwehr, Notarzt)

176 [F5] **Polizeipräsidium,** Hverfisgata 113–115 (Busbahnhof Hlemmur), Tel. 4441000

› **Fundbüros** (s. S. 108).

Kartensperrung

Deutsche Kunden, die ihre **Kreditkarte, Maestro(EC)** oder **SIM-Karte** gibt es für Kartensperrungen eine **deutsche Zentralnummer** (unbedingt vor der Reise klären, ob die eigene Bank bzw. der jeweilige Mobilfunkanbieter diesem Notrufsystem angeschlossen ist). **Aber Achtung:** Mit der telefonischen Sperrung sind die Bezahlkarten zwar für die Bezahlung/Geldabhebung mit der PIN gesperrt, nicht jedoch für das **Lastschriftverfahren mit Unterschrift.** Man sollte daher auf jeden Fall den Verlust zusätzlich **bei der Polizei zur Anzeige bringen,** um gege-

Echte Radprofis trotzen mit Spikes an den Reifen auch Schnee und Eis

benenfalls auftretende Ansprüche zurückweisen zu können.

In **Österreich** und der **Schweiz** gibt es keine zentrale Sperrnummer, daher sollten sich Besitzer von in diesen Ländern ausgestellten Debit-(EC-) oder Kreditkarten vor der Abreise bei ihrem Kreditinstitut über den zuständigen Sperrnotruf informieren.

Generell sollte man sich immer die **wichtigsten Daten** wie Kartennummer und Ausstellungsdatum **separat notieren**, da diese unter Umständen abgefragt werden.

- **Deutscher Sperrnotruf:** Tel. +49 116116 oder Tel. +49 3040504050
- **Weitere Infos:** www.kartensicherheit.de, www.sperr-notruf.de

Öffnungszeiten

- **Geschäfte:** Mo.–Fr. 10–18, Sa. 10–14/16 Uhr (1. Sa. im Monat 10–17 Uhr), So. geschlossen. (Ausnahme: Filialen der Kette 10/11 haben fast überall rund um die Uhr geöffnet.) Am 25.12. und 1.1. ist alles im Land geschlossen. Generell werden angegebene Öffnungszeiten flexibel gehandhabt und können auch ganz spontan geändert werden.
- **Banken:** Mo.–Fr. 9.15–16 Uhr
- **Museen:** Viele Museen haben außerhalb der Sommersaison Mo. geschlossen. An Feiertagen sollte man sich unbedingt vorher erkundigen. Detaillierte Infos finden sich im Kapitel „Reykjavík für Kunst- und Museumsfreunde" (s. S. 44).

Post

✉177 [C4] **Hauptpost,** Posthússtræti 5, Tel. 5801200, Mo.–Fr. 9–18 Uhr, www.postur.is. Eine Postkarte oder ein Brief nach Europa kostet 225 ISK (bis 50 g) als Priority Post.

Radfahren

Radfahren ist einigermaßen beschwerlich, da **Wind und Regen** häufig nicht mitspielen. Zudem sind in Reykjavík selbst nur eine Handvoll Radwege zu finden. Aber es sind doch immer mehr Leute zu finden, die das Fahrrad für eine gute Alternative zum Auto halten.

Autofahrer können Radfahrer und den Platz, den sie brauchen, im Prinzip nicht sehr gut einschätzen, aber normalerweise achtet man gut auf andere Verkehrsteilnehmer und bremst rechtzeitig. Viele Radfahrer fahren auf großen Straßen am liebsten auf dem Gehweg.

Inzwischen kann man an vielen Stellen Räder leihen, auch einige Hotels, Hostels und Pensionen haben einen Fahrradverleih. Kosten ca. 3500 ISK/5000 ISK für einen halben/ganzen Tag. Helme, Anhänger, Kindersitze können auch gemietet werden.

080rj Abb.: as

•178 [D4] **Borgarhjól Bike Rental,** Herfisgata 50, Tel. 5515653, Mo.–Fr. 8–18 Uhr, Sa. 10–14 Uhr, www.borgarhjol.is

•179 [B3] **Reykjavik Bike Tours,** Ægisgarði 7 (alter Hafen, rote Container am Steg der Walfischbeobachtungsboote), www.icelandbike.com, Tel. 6948956. Auch Fahrradtouren auf Deutsch.

Schwimmbäder

Schwimmbäder sind ein **wichtiger Teil des sozialen Lebens** in Island. Und es tut auch wirklich gut, wenn man seine kalten Knochen im Winter in einem mit heißem Quellwasser beheizten Bad aufwärmen kann. Im Sommer braucht man keine 30 °C Freibadwetter, denn das Wasser spendet genügend wohltuende Wärme. Es gibt die seriösen Schwimmer, die teilweise noch vor der Arbeit ein oder zwei Kilometer schwimmen, und es gibt die sozialen Schwimmer, die von der Dusche gleich in eines der heißen Becken eilen, um sich mit anderen Leuten zu unterhalten.

Die Stadt Reykjavík unterhält im Raum Reykjavík sieben Schwimmbäder. Alle Schwimmbäder haben ein Becken zum Bahnenschwimmen im Freien (das Außenbecken im Sundhöllin-Bad ist noch im Bau, soll aber 2017 fertiggestellt werden) und diverse „heiße Töpfe", also kleinere runde Becken, die zwischen 38–44 °C warm sind. Die heißen Becken sind immer ein **geselliger Treffpunkt für ein Schwätzchen.** Größere Bäder (Laugardalur, Árbæjarlaug) bieten auch noch weitere Spaßmöglichkeiten für Kinder (und Erwachsene) wie Rutschen oder größere warme Becken.

058rj Abb.: as

Alle Bäder öffnen Mo.–Fr. um 6.30 Uhr und schließen zwischen 20.30 und 22 Uhr, Sa./So. öffnen sie um 8 oder 9 Uhr und schließen zwischen 18 und 22 Uhr. Im Sommer sind die Bäder etwas länger geöffnet als im Winter, nach Geschäftsschluss und samstags werden die Bäder in der Regel recht voll. In allen Bädern kann man normalerweise Badesachen und Handtücher leihen.

› **Eintritt:** Kinder 140 ISK, Erwachsene 900 ISK, www.spacity.is

S180 **Árbæjarlaug,** Fylkisvegur, Tel. 4115200. Modernes Schwimmbad (Innen- und Außenbereich) mit vielen Möglichkeiten für Kinder, Hotpots, Sauna, Dampfbad und einem schönen Ausblick vom Außenbecken.

S181 [J4] **Laugardalslaug,** Sundlaugarvegur, Tel. 4115100. Das größte Schwimmbad der Stadt verfügt über 50-m-Bahnen, Massageangebot, Dampfbad, Hotpots und weitere warme Becken, Rutsche und Kinderbecken. Neben dem Schwimmbad liegt noch ein Fitness- und Spakomplex.

S182 [D10] **Strandbad Nauthólsvík,** am Strand südlich von Öskjuhlíð, Tel. 5116630, www.nautholsvik.is, 15. 5.–15.8. tgl. 10–19 Uhr, sonst Mo./Mi. 11–14 und 17–20, Fr. 11–14, Sa. 11–16 Uhr, Eintritt im Sommer frei, im Winter 600 ISK, 500 ISK für Kleiderschließfach. An dieser Küstenstelle wird warmes Wasser in die See geleitet, weshalb man hier tatsächlich im Wasser des Nordatlantiks baden kann. Das Areal umfasst Sandstrand, Hotpot, Umkleidekabinen und einen Kiosk, der Kleinigkeiten zum Essen und Trinken verkauft.

S183 [E5] **Sundhöllin,** Barónstígur, Tel. 4115350. Innenschwimmbad in einer alten Schwimmhalle mit authentischen Details und Hotpots draußen. Der Umbau zum Freibad wird im Lauf des Jahres 2017 vollendet sein.

S184 **Vesturbæjarlaug,** Hofsvallagata, Tel. 4115150. Etwas kleineres und freundliches Familienbad, mit Dampfbad, Sauna, großen Hotpots.

Schwule und Lesben

1978 wurde **Samtökin,** die nationale Organisation von Lesben und Schwulen in Island mit dem Ziel gegründet, für die Rechte von Lesben, Schwulen, Bi- und Transsexuellen zu kämpfen und Vorurteile in den Medien und den Familien zu bekämpfen. Island ist ein sehr kleines Land, hier ist jeder mit jedem verwandt. Hier kann man sich nicht von seiner Familie lösen, indem man in eine Großstadt zieht. Konflikte und Probleme sind immer eng mit der Familie verknüpft, daher ist das Politische auch immer sehr privat.

Inzwischen wurde in Island Erstaunliches erreicht, die Nation gehört zu den **besonders liberalen Staaten.** Gleichgeschlechtliche Partner können eine Lebenspartnerschaft eingehen. Die sogenannte **registrierte Partnerschaft** gewährt ihnen die gleichen Rechte und Pflichten wie eine Eheschließung heterosexueller Partner.

Als besonderer Meilenstein galt die Ernennung **Jóhanna Sigurðardóttirs** zur Premierministerin im Februar 2009. Sie war bis 2013 die **weltweit erste lesbische Premierministerin,** die sich öffentlich als solche bekannte, ohne dies allerdings an die große Glocke zu hängen. Eine Tatsache, auf die die ausländischen Medien sofort angesprungen sind, wodurch die politischen Qualitäten Jóhanna Sigurðardóttirs in der Berichterstattung etwas in den Hintergrund gerieten. In Island wusste jeder schon seit Langem um Sigurðardóttirs sexuelle Ausrichtung – und eigentlich kümmert es auch niemanden. Nationale und internationale Menschenrechts- und Gay-Rights-Organisationen sahen diesen Schritt aber dennoch als ebenso wichtig an wie die Ernennung des ersten schwarzen Präsidenten, Barack Obama, in den USA.

Informationen

ⓘ185 [B4] **Samtökin 78,** Suðurgata 3, Tel. 5527878, www.samtokin78.is, Bürozeiten: Mo.–Fr. 13–16 Uhr, offener Abend: Do. 20–23 Uhr. Die nationale Organisation für Lesben, Schwule, Bi- und Transsexuelle ist Beratungs- und Anlaufstelle. Der offene Abend bietet ein wechselndes Programm, über weitere Veranstaltungen informiert die Website.

› **www.gayice.is:** Hier findet man Infos über aktuelle Entwicklungen und Adressen, außerdem Tipps zur queeren Szene.

› **www.pinkiceland.is:** Reiseveranstalter, der sich auf Gay-Reisen in Island spezialisiert hat.

◁ Im Winter ist ein Bad im warmen Wasser besonders wohltuend

Veranstaltungen

- **Reykjavík Gay Pride:** Am 2. Augustwochenende (von Donnerstag bis Sonntag) lockt das Festival Tausende nach Reykjavík. Höhepunkte sind der farbenfrohe, fröhliche Umzug vom Busbahnhof BSÍ über Sóleyjargata, Fríkirkjuvegur und Lækjargata in das alte Stadtzentrum und das Freiluftkonzert am Arnarhóll-Hügel. Das Spektakel zieht nicht nur Schwule und Lesben an (www.gaypride.is), sondern hier feiert man gern mit der ganzen Familie.
- **Bears on Ice:** Anfang September gibt es ein Sonderprogramm für Bären und Bärenliebhaber (www.bearsonice.org).

Szeneklub

186 [D4] **Club Kiki,** Laugavegur 22, www.kiki.is, Fr./Sa. 23–4.30 Uhr. Der einzige echte Gay-Klub in Reykjavík, entspannte und offene Atmosphäre.

Sicherheit

Island ist eine Gesellschaft, in der letztendlich jeder mit jedem verwandt ist. Das bedeutet, dass das **Gesamtsystem auf Vertrauen basiert**, und so ist es zum Beispiel selbstverständlich, dass man eigentlich seine Sachen (Auto, Haus o.Ä.) nicht abschließen muss und auch nichts verschwindet. Das ändert sich leider durch die vielen Touristen und neuen Bewohner der Insel. Dennoch ist Reykjavík eine **sehr entspannte und ungefährliche Stadt.** Unschön kann es eigentlich nur am Wochenende werden, wenn mitten in der Nacht der **Alkohol** zu Problemen, sexuellen Übergriffen, Prügeleien und Schäden an Autos und Häusern führt.

Sprache

Sehr viele Leute in Reykjavík sprechen **Englisch**, sodass man sich hiermit sehr gut verständigen kann. Deutsch sprechenden Isländern begegnet man äußerst selten. Wo das Isländische Verständigungsbarrieren aufwirft, versucht man es Besuchern so leicht wie möglich zu machen. Aus diesem Grund ist sehr viel englisches Informationsmaterial verfügbar.

Das **Isländische** ist eine recht **komplizierte Sprache,** weil sie sehr lange von anderen sprachlichen Einflüssen abgeschirmt war und sich daher nicht wie viele andere europäische Sprachen (mit-)verändert hat. Isländer finden zwar, dass man im Isländischen alles so spricht, wie man es schreibt – aber das stimmt nur, wenn man mit dem Isländischen vertraut ist. Verben und Substantive werden in allen Formen und Fällen gebeugt und teilweise kommt es hier zu Verschiebungen bei den Vokalen, weshalb zum Beispiel Straßennamen wie -gata, -vegur in Adressangaben in -götu und -vegi verändert werden.

Im Anhang dieses CityTrips findet sich eine Sprachhilfe, die die wichtigsten Begriffe übersetzt. Und wer Spaß an dieser urtümlich-nordischen Sprache findet, dem sei für eine weitergehende Beschäftigung der **Kauderwelsch-Band „Isländisch"** von Richard Kölbl aus dem Reise Know-How Verlag empfohlen.

Telefonieren

Isländische Telefonnummern haben sieben Stellen und keine Ortsvorwahl.

- **Vorwahl Island:** 00354
- **Telefonauskunft:** 118, für ausländische Telefonnummern Tel. 1811

- **Vorwahlen von Island ins Ausland:** Deutschland 0049, Österreich 0043, Schweiz 0041
- **www.ja.is:** Website, die das Telefonbuch *(símaskrá)* und die Gelben Seiten *(gulu siðurnar)* umfasst.

Jede/-r in Island besitzt mindestens ein **Handy.** Telefonzellen sind daher fast nirgendwo mehr zu finden.

Für das eigene Handy kann man sich eine **Prepaid-SIM-Karte** zulegen, um hohe Roaminggebühren zu vermeiden. (Dazu muss das eigene Handy SIM-Lock-frei sein.) Diese sind an Bord (Icelandair: Síminn, Wow Air: Nova), bei den Síminn- und Vodafone-Läden (betreiben Islands größte Mobilfunknetze) und an großen Tankstellen erhältlich. Die SIM-Karte kann man mit Vouchern aufladen, die man außer an den bereits genannten Verkaufsstellen auch im Tax-Free-Shop bei Ankunft im Flughafen bekommt – dort sind sie billiger als in der Stadt.

Viele Reisende nutzen auch im Ausland eine **mobile Datenverbindung.** Dies ist jedoch häufig mit hohen Kosten verbunden. Man sollte daher vor der Reise bei seinem Netzbetreiber Informationen über evtl. günstigere Auslandsdatenpakete einholen oder zur Sicherheit die Mobile-Daten-Option deaktivieren und nur über kostenlose WLAN-Netze ins Internet gehen.

Uhrzeit

In Island gilt die **UTC** (Coordinated Universal Time) und weil es im Sommer sowieso durchgehend hell ist, gibt es auch keine Sommerzeit. Das hat zur Folge, dass man auf der Insel im Winter eine Stunde und im Sommer zwei Stunden hinter unserer mitteleuropäischen Zeit zurückliegt.

Unterkünfte

Allgemeines

In Islands Hauptstadt existiert ein **reichhaltiges Angebot an Hotels, Guesthouses und Hostels** (Jugendherbergen). Ohne Auto empfiehlt es sich, im Zentrum ein Zimmer zu buchen (Postleitzahl 101 und 105). Die Sternekategorien entsprechen den mitteleuropäischen. Auch wenn in den letzten Jahren jedes Jahr Hunderte neue Hotelzimmer hinzu kamen, kann es in der Hochsaison immer noch zu Engpässen kommen, weshalb sich die **Preise** trotz des steigenden Angebots auf einem sehr hohen Niveau bewegen.

Es gibt in Reykjavík relativ viele teure und **entsprechend relativ wenige mittelpreisige oder gar günstige Hotels.** Wer auf sein Geld achten muss, sollte ein Apartment, Guesthouse oder ein Hostel in Erwägung ziehen: Hier kann man selbst sein Essen kochen und so Geld sparen. Wie überall sind die Preise während der **Hochsaison** (April bis Oktober) höher als in der Nebensaison. Da Islandreisen normalerweise recht weit im Voraus geplant und gebucht werden, empfiehlt es sich, seine Unterkünfte bei einer Reise zwischen April und Oktober und im Dezember **rechtzeitig zu buchen.** Im Internet findet man eine recht vollständige Liste der Unterkünfte unter

- **www.accommodation.is**
- **www.visitreykjavik.is**

Hat man bei Ankunft noch kein Hotel gebucht, kann man dies am Infoschalter auf dem Flughafen (nach der Tür hinterm Zoll gleich rechts) oder bei der Touristeninformation im Rathaus (s. S. 108) nachholen. Bei

EXTRAINFO

Buchungsportale

Neben Buchungsportalen für **Hotels** (z. B. www.booking.com, www.hrs.de oder www.trivago.de) bzw. für **Hostels** (z. B. www.hostelworld.de oder www.hostelbookers.de) gibt es auch Anbieter, bei denen man **Privatunterkünfte** buchen kann. Portale wie www.airbnb.de, www.wimdu.de oder www.9flats.com vermitteln Wohnungen, Zimmer oder auch nur einen Schlafplatz auf einer Couch.

Dass alle am Tourismusboom teilhaben wollen, erkennt man bereits an der Tatsache, dass alleine auf Airbnb etwas mehr als 4 % des Reykjavíker Wohnungsbestands gebucht werden können.

Diese oft recht günstigen Übernachtungsmöglichkeiten sind nicht unumstritten, weil manchmal normale Wohnungen gewerblich missbraucht werden. Wenn die Stadt regulierend eingreift, kann das zu kurzfristigen Schließungen führen. Eine Buchung unterliegt also einem gewissen Restrisiko.

Preiskategorien Unterkünfte

€€€€	über 300 €
€€€	175–300 €
€€	50–175 €
€	unter 50 €

Die Preise beziehen sich auf die billigsten Doppelzimmer oder Apartments bzw. Schlafsaalbetten in Hostels während der Hochsaison pro Nacht. Während der Nebensaison sinken die Preise normalerweise etwas. Ein Preisvergleich mithilfe verschiedener Buchungsportale lohnt sich also.

letzterer kann man auch vor der Reise anrufen und buchen (Tel. +354 5901501). Grundsätzlich gilt in Island in Hotels ein **Rauchverbot** (auch für Guesthouses und Hostels).

Unterkunftsempfehlungen

Die folgenden Unterkunftswebsites sind (auch) in Englisch verfasst. Alle genannten Unterkünfte bieten kostenlosen WLAN-Internetzugang an.

Hotels

187 [C4] **Center Hotel Plaza** €€€€, Aðalstræti 4, 101 Reykjavík, Tel. 5958500, www.centerhotels.com. **Zweckmäßig und zentral:** 3-Sterne-Hotel direkt am Íngólfstorg. Am Wochenende kann es in den Zimmern zur Vorderseite also lauter werden.

188 [F4] **Fosshotel Baron** €€€€, Baronstígur 2–4, 101 Reykjavík, Tel. 5623204, www.fosshotel.is. **Flexibel für Gruppenreisende:** 66 3-Sterne-Zimmer und 30 Apartments (teilweise mit Meeresblick) am nördlichen Ende der Innenstadt.

189 [G5] **Fosshotel Reykjavik** €€€€, Þórunnartún 1, 105 Reykjavík, Tel. 5319000, www.fosshotel.is. **Luxus-Frühstück für einen guten Start in den Tag:** 320 4-Sterne-Zimmer (teilweise mit Meerblick). Das Hotel (zwei Gehminuten von Hlemmur) wurde 2015 eingeweiht.

190 [I6] **Hilton Nordica Hotel** €€€, Suðurlandsbraut 2, 108 Reykjavík, Tel. 4445000, www.hilton.com. **Genießen und verwöhnen lassen:** luxuriöses 4-Sterne-Hotel mit ebenso luxuriösem Spa-Bereich und großen Zimmern.

191 [C4] **Hotel Borg** €€€€, Pósthússtræti 9–11, 101 Reykjavík, Tel. 5511440, www.hotelborg.is. **Luxuriöses Denkmal:** Das 4-Sterne-Hotel beim Parlamentsplatz Austurvöllur wurde 1930 erbaut. Der dänische König kam zu Besuch nach Reykjavík und hiefür benötigte man eine entsprechende Herberge. Das Haus wurde 2006 im originalen Art-déco-Stil renoviert. Chic und relativ (zu) teuer, am Wochenende inklusive innenstädtischem Partygeräuschpegel.

192 [C5] **Hotel Holt** €€€€, Bergstaðastræti 3, 101 Reykjavík, Tel. 5525700, www.hotelholt.is. **Gediegenes Ambiente:** im Zentrum in ruhiger Seitenlage gelegenes 4-Sterne-Hotel mit der vielleicht größten privaten isländischen Kunstsammlung an Gemälden seit dem 19. Jh. bis heute.

193 [D5] **Hotel Óðinsvé** €€€€, Óðinstorg, 101 Reykjavík, Tel. 5116200, www.hotelodinsve.is. **Ruhig gelegen in einer Seitenstraße im Zentrum:** Von den beiden höchsten Etagen hat man in den mit großen Glasfronten ausgestatteten Zimmern einen prächtigen Blick auf die Stadt.

194 [C8] **Icelandair Hotel Reykjavik Natura** €€€, Nautholsvegur 52, 101 Reykjavík, Tel. 4444000, www.icelandairhotels.com. **Wohlfühlen und verwöhnt werden:** 220 4-Sterne-Zimmer unterhalb von Perlan gelegen (ca. 15–20 Gehminuten vom Zentrum). Fahrradverleih im Sommer, Gute-Nacht-Geschichten donnerstags 21 Uhr, Spa- und Wellnessbereich, Giftshop, Restaurant.

Guesthouses, Apartments

195 [B4] **Brattagata Guesthouse** €€, Brattagata 3b, 101 Reykjavík, www.brattagata.com, Tel. 6129800. **Persönlicher Service:** kleine, familiengeführte Pension (Einzel-, Doppel- und Familienzimmer, Apartment) im ältesten Teil der Innenstadt. Sehr zentrale Lage, doch geschützt vor dem Lärm der Partygänger.

EXTRATIPP

Erholt zum Flughafen

Die letzte Nacht kann aufgrund früher Abflugzeiten sehr kurz sein. Da eine Stunde Schlaf zwischen 4 und 5 Uhr morgens gefühlte zwei Stunden Schlaf bedeutet, kann es wesentlich erholsamer sein, die letzte Nacht im Hotel neben dem Flughafen zu verbringen, dann kann man morgens einfach zu Fuß zur Abflughalle laufen.

199 **Airport Hotel Smári** €€€, Flughafen Keflavík, 235 Keflavík, Tel. 5951900, www.hotelsmari.is

196 [B4] **Chez Monique** €€, Tjarnargata 10B, 101 Reykjavík, Tel. 5623377 und 6921777, www.chezmonique.is. **Zweckmäßig und freundlich:** Guesthouse direkt am Rathaus. Einfache Ausstattung, Bad und WC im Gang, teilweise mit Zugang zu einer Küche, angenehm und zentral gelegen. Im oberen Stockwerk bieten die Zimmer zum Teil Sicht auf den Stadtteich Tjörnin.

197 [D5] **Guesthouse Sunna** €€€, Þórsgata 26, 101 Reykjavík, www.sunna.is, Tel. 5115570. **Freundlicher Service:** familiengeführte Pension direkt neben der Hallgrímskirche gelegen. Zimmer (teilw. ohne eigenes Bad) und Apartments, Frühstücksbuffet, Rezeption zur Hauptsaison 24 Std. besetzt.

198 [B3] **House of the Spirits** €€, Ránargata 1, 101 Reykjavík, Tel. 6983526, www.houseofspirits101.com. **Bietet auch einer Familie Platz:** Apartments für 1–8 Pers., größtenteils westlich der Innenstadt beim Hafen gelegen.

› **Luna Hotel Apartments** €€€, Baldursgata 36, Tel. 5112800, www.luna.is. **Hoher Wohlfühlfaktor:** verschiedene Apartments verteilt in der alten Innenstadt (Baldursgata, Spitalastígur, Amtmannsstígur). Sehr zentral, aber ruhig gelegen.

200 [D4] **Reykjavik4you** €€€€, Bergstaðastræti 12, 101 Reykjavík, Tel. 7711200, www.reykjavik4you.com. **Zentral und ruhig:** vier modern ausgestattete Apartments für 2, 3, 5 oder 6 Personen in der Bergstaðastræti und am oberen Ende von Laugavegur.

201 [B3] **Three Sisters** €€€, Ránargata 16, 101 Reykjavík, Tel. 5652181, www.threesisters.is. **Praktisch und zentral gelegen:** 16 funktionell eingerichtete Studioapartments für 1–4/5 Personen am Westende der Innenstadt nahe beim Hafen.

Hostels

202 [E4] **KEX** €, Skúlagata 28, 101 Reykjavík, www.kexhostel.is, Tel. 5616060. **Hierher kommen auch die Locals:** originell in einer alten Keksfabrik eingerichtetes Hostel. Bistro und Bar sind auch bei Einheimischen überaus populär, regelmäßig Veranstaltungen und Konzerte.

203 [K4] **Reykjavík City** €, Sundlaugavegur 34, 105 Reykjavík, Tel. 5538110, www.hihostels.com. **Botanischer Garten vor der Haustür:** modernes Hostel mit angenehmer Atmosphäre direkt beim Schwimmbad Laugardalslaug und damit etwas außerhalb gelegen, aber mit Bushaltestelle direkt vor dem Haus. Schlafsäle, 2-, 4- und 6-Bett-Zimmer.

204 [B3] **Reykjavík Downtown** €€, Vesturgata 17, 101 Reykjavík, Tel. 5538120, www.hihostels.com. **Familienfreundlich:** Das Hostel ist nur ein paar Gehminuten vom Zentrum entfernt. Schlafsäle, aber auch 2-Bett- und Familienzimmer.

205 [D4] **Reykjavík Loft Hostel** €€, Bankastræti 7, 101 Reykjavík, Tel. 5538140, www.lofthostel.is. **Für Partygänger:** mitten auf der Hauptachse gelegen (also etwas laut in Partynächten), Schlafsäle, Zwei- und Vierbettzimmer und mit einer bei Besuchern wie Einheimischen überaus beliebten Dachterrasse.

Camping

206 [K4] **Reykjavík Campsite** €, Sundlaugavegur 32, 105 Reykjavík, Tel. 5686944, www.reykjavikcampsite.is, ganzjährig geöffnet. **Die günstigste Übernachtungsart:** Hier finden 650 Leute Platz, eine Reservierung ist nicht nötig. Preise pro Nacht: Übernachtung Zeltplatz 2200 ISK, 3–6 Nächte 2100 ISK, ab 7 Nächten 1900 ISK p. P., Strom 900 ISK/Tag, Hütte 14.000 ISK, Frühstück 1550 ISK p. P. Fahrradverleih.

Verhaltenstipps

› **Anrede:** In Island werden traditionell alle mit Vornamen angeredet und geduzt – auch Ausländer. Darin sind die Isländer/-innen sehr direkt. Sie rufen auch schon einmal bei Politikern oder berühmten Persönlichkeiten direkt an, wenn sie ihnen was zu sagen haben, oder sprechen die Leute auf der Straße an. Genauso wird man bei Reservierungen nur nach dem Vornamen gefragt. Sogar das Telefonbuch ist nach Vornamen sortiert.

› **Schuhe ausziehen:** In isländischen Haushalten ist es üblich, beim Betreten des Hauses die Schuhe auszuziehen, sodass kein Schmutz ins Haus geschleppt wird. Isländer selbst bringen manchmal ein extra Paar warme Socken mit, die sie dann anziehen.

› Isländer empfinden es als ekelhaft, wenn sich die **Nase schnäuzt.** Dies sollte man vermeiden. Isländer selbst ziehen einfach lautstark die Nase hoch. Alternativ geht man kurz auf die Toilette, um sich die Nase zu putzen.

KURZ & KNAPP

Namensgebung

In Island werden Namen patronymisch gebildet, d. h., man erhält einen Vornamen und anstatt eines Nachnamens wird der Vorname des Vaters mit der Endung „-dóttir" für Tochter oder „-son" für Sohn versehen. Leifur Eiríksson ist also Leifur, Sohn von Eiríkur, und Jóhanna Sigurðardóttir ist Jóhanna, Tochter von Sigurður (der Name des Vaters wird bei der Zusammensetzung gebeugt, weshalb sich die Vokale ändern). Seltener findet man Nachnamen wie im deutschen Sprachraum, diese gehen dann meist auf skandinavische Einwanderer zurück.

Verkehrsmittel

Die Innenstadt ist recht klein und lässt sich gut zu Fuß entdecken. Für Orte am Stadtrand empfiehlt sich das Reykjavíker Busnetz.

Busse

Reykjavík hat ein redlich gut ausgebautes Busnetz, das die Innenstadt und den Großraum Reykjavík abdeckt. Busse fahren 7–24 Uhr, sonntags 12–24 Uhr. Man sollte etwas vorausplanen, denn außer zu den Stoßzeiten morgens und abends fährt teilweise nur ein Bus pro Stunde. (Das Busunternehmen heißt kurz und knapp „Strætó", also „Bus".)

Bei den Touristeninformationsstellen (s. S. 108) ist eine Broschüre mit dem Busnetz zu bekommen. Um die richtige Haltestelle zu finden, muss man die Endhaltestelle der jeweiligen Linie wissen.

Eine einzelne **Fahrkarte** kostet 440 ISK. Das passende Bargeld wirft man einfach in den großen Kasten beim Fahrer. Achtung: Der Fahrer kann kein Wechselgeld zurückgeben! Normalerweise bekommt man keine Fahrkarte ausgehändigt. Falls man umsteigen muss, bittet man den Fahrer um eine Umsteigekarte (*skiptimiði* oder „transfer ticket" genannt). Dann bekommt man eine Fahrkarte ausgedruckt, die man dann im anschließenden Bus dem Fahrer gibt.

Wer sparen will, kann zwanzig Fahrscheine für 8300 ISK, eine Tageskarte für 1560 ISK oder eine 3-Tage-Karte für 3650 ISK kaufen. In den Bussen ist auch die Reykjavík City Card (s. S. 107) gültig.

› www.straeto.is

Fahrkarten gibt es auch bei: 10–11 Austurstræti u. Laugavegur 116, Kringlan (Serviceschalter), Schwimmbad Laugardalslaug, Vesturbæjarlaug, Árbæjar, Breiðholts, Grafarvogs, Busbahnhof Mjódd.

Taxis

Taxis fahren mit **festen Tarifen**, die am Wochenende und nachts höher liegen. Der Starttarif liegt bei 690 ISK, die ersten beiden Kilometer sind etwas teurer, sodass man auch bei kurzen Strecken leicht auf 8–10 € kommt. Wenn man anruft, fährt ein Taxi meistens innerhalb von drei bis fünf Minuten vor, nur nachts am Wochenende kann es etwas schwieriger werden und länger dauern. Auch in den Taxis kann man mit Kreditkarte bezahlen. Die bekanntesten Anbieter (Hreyfill hat einen Marktanteil von 70 %) sind:

› **B.S.R. Taxis:** Tel. 5610000, www.bsr.is

› **Borgarbílastöðin:** Tel. 5522440

› **Hreyfill:** Tel. 5885522, www.hreyfill.is

Wetter und Reisezeit

Dank des **warmen Golfstroms**, der an Island vorbeiströmt, sind die Durchschnittstemperaturen nicht so kalt, wie man ob der nördlichen Lage nahe dem Polarkreis vermuten würde. Die Winter sind kalt, jedoch durchschnittlich nicht extrem kalt, die Sommer angenehm frisch. Allerdings sorgt der Golfstrom, der auf die arktischen Wetterströme stößt, auch für **sehr unbeständiges Wetter.** Nicht ohne Grund sagt man in Island: „Wenn dir das Wetter jetzt nicht gefällt, dann warte einfach eine Viertelstunde." Regen und Wind gehören einfach dazu, deshalb sollte man immer auf einen Wetterumschwung gefasst sein: Regenjacke und außerhalb der Sommermonate Mütze und Handschuhe gehören zur Standardausrüstung.

In den Monaten Mai bis August fällt normalerweise der wenigste **Regen,** aber auch dann regnet es noch durchschnittlich an 15 Tagen pro Monat. In den Wintermonaten können das schon mal 20 oder 21 Tage sein. Reykjavík zählt im Jahresdurchschnitt 213 Tage mit Niederschlag. Regen fällt allerdings eher als Niesel- und seltener als Platzregen.

Ein **durchschnittlicher Sommertag** hat Höchsttemperturen von 10–12 °C, 15 °C und mehr erreicht das Quecksilber nur an besonders schönen Tagen. In den letzten Jahren kam es sogar ein paar Mal vor, dass die Grenze von 20 °C überschritten wurde. Die Durchschnittstemperatur **im Winter** liegt bei etwas unter 0 °C, aber es kann natürlich auch mal -10 oder -15 °C geben.

› **Wetterauskunft:** www.vedur.is

EXTRAINFO

Tageslicht

Nur wenige Stunden Tageslicht gibt es von Mitte Dezember bis Mitte Januar, in dieser Zeit ist es lediglich etwa vier Stunden hell. In den Monaten Mai bis August wird es dagegen nicht mehr richtig dunkel. Die etwa drei Stunden zwischen Sonnuntergang und Sonnenaufgang dämmert es, aber völlige Dunkelheit sucht man vergebens.

Mittlerweile kommen Ende Januar mehr Touristen nach Island als früher in der Hauptsaison. Viele Angebote (Tagestouren, Fähren usw.) können das ganze Jahr über gebucht werden, außer saisonbedingten Angeboten. Die **Hauptsaison** dauert von April bis Oktober und von Weihnachten bis Neujahr. Dann ist das Angebot am größten und vieles wird sogar mehrmals pro Tag angeboten. Grundsätzlich sollte man Aktivitäten und Unterkünfte besser im Voraus buchen.

Durchschnitt	Wetter in Reykjavik											
Maximale Temperatur	1°	2°	2°	5°	8°	10°	13°	12°	9°	6°	2°	1°
Minimale Temperatur	−4°	−3°	−3°	−1°	2°	6°	7°	7°	4°	1°	−3°	−4°
Regentage	18	18	20	18	16	14	17	18	18	20	18	20
	Jan	Febr	März	Apr	Mai	Juni	Juli	Aug	Sept	Okt	Nov	Dez

ANHANG

071rj Abb.: as

Kleine Sprachhilfe Isländisch

Diese Sprachhilfe stammt aus dem Kauderwelsch-Band Nr. 13 „Isländisch – Wort für Wort“, der im Reise Know-How Verlag erschienen ist.

Lautschrift

ch	weiches „ch“ wie in „ich“
chj	Verbindung von „ch“ + „j“ wie in „Mädchen“
ch-s	raues „ch“ und „s“ wie in „Lachsalve“ (allerdings mit stimmlosem „s“!)
e	stets geschlossen wie in „See“, nie wie „ä“
G	weiches „g“, fast wie stimmhaftes „ch“
h	wird immer gesprochen, ist kein Dehnungszeichen wie im Deutschen
H	deutliches „h“ vor Mitlauten
i	stets spitz wie im deutschen „nie“
j	wie „j“ in „Jäger“
ng-g	wie „ng“ + „g“ in „Langgasse“
o	offenes „o“ wie in „oft“
ö	offenes „ö“ wie in „öffnen“
r	rollendes Zungenspitzen-r wie im Italienischen
s	stimmloses „s“ wie in „essen“
ð	stimmhaftes „th“ wie im engl. „this“ (dies)
th	stimmloses th wie im englischen „thunder“
v	wie „v“ in „Vase“

Die wichtigsten Floskeln und Redewendungen

já/nei	jau/näi	ja/nein
takk fyrir	taHk feerir	danke
gjörðu svo vel	gjörðü svo väl	bitte
Takk, sömuleiðis!	taHk, sömüläiðes	Danke gleichfalls!
Það var lítið/ekkert.	thað var liiteð/äHkärt	Keine Ursache.
Góðan daginn./Góða nótt.	gouðan daijenn/ gouða nouHt	Guten Tag!/ Gute Nacht!
Hvað segir þú?	kvað säijir thuu	Wie geht es dir/Ihnen?
Allt gott, takk fyrir.	allt goHt, taHk feerir	Danke gut.
Já, svona, svona.	jau, svona, svona	Nicht besonders./So lala.
Hæ!/Bless!	hai/bläss	Hallo!/Tschüß!
Hvað er að?	kvað är aað	Was ist los?
Allt í lagi.	alt i laije	Alles in Ordnung.
Ég veit það ekki.	jäG väit thað äHkje	Ich weiß das/es nicht.
Verði þér að góðu!/Skál!	värðe thjär að gouðü/skaul	Guten Appetit!/Prost!
Viltu gjöra svo vel að hjálpa mér?	veltü gjöra svo väl að chjaulpa mjär	Können Sie mir bitte helfen?

Die wichtisten Fragen

Fyrirgef ...!	feerirgjäf ...	Entschuldige(n Sie) ...!
Er hér ...?	är chjär ...	Gibt es ...?
Átt þú ...?	auHt thu ...	Haben Sie ...?
Má ég ...?	mau jäG ...	Darf ich ...?
Ég er að leita að ...	jäG är að läita að ...	Ich suche ...

+++ Die wichtigsten Wörter mit dem Bonus-Audiotrack des Kauderwelsch-

Mig vantar ...	miG vantar ...	Ich brauche ...
Fáðu mér ..., takk.	fauðü mjär ... taHk	Geben Sie mir bitte ...
Hvar fæ ég ...?	kvar fai jäG ...	Wo bekomme ich ...?
Hvað kostar ...?	kvað kostar ...	Wieviel kostet ...?
Hvar er ...?	kvar är ...	Wo ist/befindet sich ...?
Hvernig kemst ég til ...?	kvättneG kjämst jäG tel ...	Wie komme ich zu/nach ...?
Hvaða rúta fer til ...?	kvaða ruuta fär tel ...	Welcher Bus fährt nach ...?
Viltu keyra mig á ...	veltü kjäira meG au ...	Fahren Sie mich zu/nach ...

Die wichtigsten Fragewörter

hver?	kvär	wer?
hvað?	kvað	was?/wie?
hvaða?	kvaða	was für ein(e), welche(r)?
hvernig?	kvättneG	auf welche Art und Weise?
hvar?	kvar	wo?
hvaðan?	kvaðan	von wo?/woher?
hve mikið?	kvä mekjeð	wie viel?
hvert?	kvärt	wohin?
hvenær?	kvänair	wann?
af hverju?	aav kvürjü	warum?

Die wichtigsten Richtungsangaben

fyrst .../svo ...	ferst .../svo ...	zuerst .../dann ...
til vinstri/hægri	tel venstre/haiGre	nach links/rechts
beint áfram	bäint auffram	geradeaus
til baka	tel baka	zurück
andspænis	andspaines	gegenüber
langt/nálægt	laungt/naulaicht	weit/nah
gatnamót	gaHtnamout	Kreuzung
umferðaljós	ümfärðaljous	Ampel
hér/þar	chjär/thar	hier/dort

Die wichtigsten Zeitangaben

í fyrradag	i ferradaG	vorgestern
í gær	i gjair	gestern
í dag	i daG	heute
í morgun	i morgün	heute Morgen, vormittags
um hádegi	üm haudäije	heute Mittag, mittags
í kvöld	i kvöld	heute Abend, abends
í nótt	i nouHt	heute Nacht, in der Nacht
á morgun	au morgün	morgen
hinn daginn	henn daijenn	übermorgen
um daginn	üm daijenn	neulich

strax	strachs	sofort
alltaf/aldrei	altaf/aldräi	immer/nie
oft/sjaldan	oft/sjaldan	oft/selten

Zahlen

0 *núll* (null)
1 *einn* (äittn)
2 *tveir* (tväir)
3 *þrír* (thriir)
4 *fjórir* (fjourir)
5 *fimm* (femm)
6 *sex* (sächs)
7 *sjö* (sjö)
8 *átta* (auHta)
9 *níu* (niiü)
10 *tíu* (tiiü)
11 *ellefu* (ättlävü)
12 *tólf* (toulf)
13 *þrettán* (thräHtaun)
14 *fjórtán* (fjourtaun)
15 *fimmtán* (femtaun)
16 *sextán* (sächstaun)
17 *sautján* (söjtjaun)
18 *átján* (autjaun)
19 *nítján* (nitjaun)
20 *tuttugu* (tüHtüGü)
21 *tuttugu og einn*
22 *tuttugu og tveir*
30 *þrjátíu* (thrjautiü)
40 *fjörutíu* (fjörütiü)
50 *fimmtíu* (femtiü)
60 *sextíu* (sächstiü)
70 *sjötíu* (sjötiü)
80 *áttatíu* (auHtatiü)
90 *níutíu* (niütiü)
100 *hundrað* (hündrað)
101 *hundrað og einn*
102 *hundrað og tveir*
120 *hundrað og tuttugu*
121 *hundrað tuttugu og einn*
122 *hundrað tuttugu og tveir*
200 *tvö hundruð*
300 *þrjú hundruð*
1000 *þúsund* (thuusünd)
2000 *tvö þúsund*

Wichtige Vokabeln

opið	offen
lokað	geschlossen
mánudagur	Montag
þriðjudagur	Dienstag
miðvikudagur	Mittwoch
fimmtudagur	Donnerstag
föstudagur	Freitag
laugardagur	Samstag
sunnudagur	Sonntag
helgi/helgidagur	Wochenende, Feiertag
klukkan, kl.	Uhr
tilboð	Angebot
útsala	Ausverkauf
sími	Telefon
farsími	Handy
neyðarsími	Notruf
lögregla	Polizei
slökkvistöð	Feuerwehr
sjúkrabíll	Krankenwagen
sjúkrahús	Krankenhaus
veitingahús	Restaurant
seðill	Menü(karte)
drykkjaseðill	Getränkekarte
hádegisseðill	Mittagsmenü
kvöldseðill	Dinnermenü
smáréttir	Vorspeisen
aðalréttir	Hauptgerichte
eftirréttir	Desserts
snyrting/salerni	Toilette
karlar	Herren
konur	Damen
austurrískur	österreichisch
Austurríki	Österreich
Sviss	Schweiz
svissneskur	schweizerisch
þýska	deutsch
Þýskaland	Deutschland
-gata, -götu	Straße

Register

(Die Sortierung erfolgt nach dem isländischen Alphabet.)

Die Autoren

Sabine Burger und **Alexander Schwarz** (beide *1964) kommen ursprünglich aus dem Schwarzwald und leben sowohl in Island als auch in den Niederlanden. Beide Autoren arbeiten unter anderem als Energiearbeiter und Klangtherapeuten in mehreren Ländern.

Aus ihrer Feder stammen mehrere Artikel und Bücher aus den Themenbereichen Spracherwerb und Reisen, so auch die Reiseführer „CityTrip Amsterdam" und „CityTrip PLUS Amsterdam" sowie die Kauderwelsch-Sprachführer „Schwäbisch" und „Duits" aus dem Reise Know-How Verlag. Da Vieles, was es zu Reykjavík noch zu sagen gäbe, nicht in den Reiseführer passt, ist für zusätzliche und aktuelle Informationen, Weiterführendes und Reiseberichte die Website der Autoren zu empfehlen:

› www.inReykjavik.is

Danksagung

Við gerð þessarar ferðabókar fengum við mikla hjálp og margar hugmyndir og ábendingar frá ýmsu góðu fólki.

Okkur langar að koma á framfæri innilegu þakklæti til ykkar allra fyrir hjálpina.

Vonandi kemst áhugi ykkar til skila í þessari bók og verður þannig öðrum hvatning til að heimsækja land og þjóð og vekur hjá þeim löngun til að kynnast af eigin raun fegurð borgarinnar, umhverfi hennar og vinsamlegum íbúum.

Sjáumst síðar.

Impressum

Sabine Burger, Alexander Schwarz

CityTrip Reykjavík

5., neu bearbeitete und komplett aktualisierte Auflage 2017

ISBN 978-3-8317-2999-9
Printed in Germany

Druck und Bindung: Media-Print, Paderborn

Herausgeber: Klaus Werner
Layout: amundo media GmbH (Umschlag, Inhalt), Peter Rump (Umschlag)
Lektorat: amundo media GmbH
Karten: Ingenieurbüro B. Spachmüller, amundo media GmbH
Anzeigenvertrieb: KV Kommunalverlag GmbH & Co. KG, Alte Landstraße 23, 85521 Ottobrunn, Tel. 089 928096-0, info@kommunal-verlag.de
Kontakt: Osnabrücker Str. 79, 33649 Bielefeld, info@reise-know-how.de

Bildnachweis
Umschlagvorderseite und rechte Umschlagklappe: Alexander Schwarz
Soweit ihre Namen nicht vollständig am Bild vermerkt sind, stehen die Kürzel an den Abbildungen für die folgenden Fotografen. Alexander Schwarz/Sabine Burger: as

Reykjavík Outdoor – Natur und Abenteuer

Die besondere Lage und Größe Reykjavíks macht es möglich, dass der Städtetrip auch zu einem Naturerlebnis und Abenteuerurlaub werden kann. Und was für einer: Schnorcheln, Tauchen (auch im Winter!), Gletscherwanderung und -besteigung, Snowmobilfahren, Helikopterflug, Rafting, Reiten, Höhlenwandern, Jeepfahren, Baden in einer heißen Quelle und und und …

Aufgrund der **einzigartigen Lage in unmittelbarer Nähe von Vulkanen und Gletschern** kann man von Reykjavík aus **herrliche Halbtages- oder Ganztagestouren** unternehmen. Da Reykjavík eine relativ kleine Stadt ist, muss man nicht Stunden fahren, bis man sich in der freien, unberührten Natur befindet, sondern kann schon nach 20 bis 30 Minuten alleine die Natur genießen. Und abends stehen alle Vorteile wie Hotels, Restaurants oder Nachtleben zur Verfügung, die eine Metropole zu bieten hat.

Grundsätzlich gibt es zwei Möglichkeiten, um die isländische Natur zu erkunden. Entweder man leiht sich ein Auto und erkundet dann die Umgebung auf eigene Faust oder man bucht eine Tour bei einem Outdooranbieter. Letzteres kann man schon vor dem Reiseantritt über das Internet regeln oder aber vor Ort direkt bei den Anbietern (telefonisch, manche Anbieter haben auch ein eigenes Buchungscenter in der Innenstadt). Zudem bieten häufig Hotels

089rj Abb.: as

Einer von vielen eindrucksvollen Wasserfällen: der Seljalands-Wasserfall

einen Buchungsservice an. Mit Englisch kommt man immer weiter, mit Deutsch eher selten.

Was man auf jeden Fall machen sollte, ist die **Golden-Circle-Tour** (s. S. 27). Sie beinhaltet einen Besuch Þingvellirs 22, des Geysirs 23 und des Wasserfalls Gullfoss 24. Das Umland Reykjavíks bietet jedoch noch viele weitere **außergewöhnliche Outdoorabenteuer**, die man unbedingt in Erwägung ziehen sollte.

Besondere Highlights

Alles – aber richtig

Ein **überaus vielfältiges Angebot** mit täglich zahlreichen unterschiedlichen Touren bietet **Arctic Adventures**. Die **sehr erfahrenen Tourguides** sind begeistert bei der Sache. Sie sprechen allesamt zumindest Englisch. Man kann aber immer auch fragen, ob ein deutschsprachiger Guide die Tour führt. Nahezu alle angebotenen Touren sind für Anfänger ausgelegt. Der Anbieter ist sehr flexibel: Ist man beispielsweise ein erfahrener Kletterer oder Kanufahrer, kann man das angeben und der Anbieter wird sich darum bemühen, eine entsprechende Tour zusammenzustellen.

Im angegliederten **Outdoor-Shop** findet man außerdem alles, was das Outdoorherz begehrt – aber nur das, was von Torfi und seinen Guides auch tatsächlich als qualitativ hochwertig eingestuft wird und worauf sie sich selbst verlassen.

Für Outdoorfreaks findet sich im Sommer ein Paket im Angebot, das fünf Outdoortage nacheinander umfasst. Gletscherwanderung, Höhlenwanderung, Rafting, Schnorcheln, Reiten und Wandern, verteilt auf fünf Tage (beinhaltet u. a. die Ziele des Golden Circle und einen Besuch in der Blue Lagoon 28), kostet 109.000 ISK pro Person. Außerdem gibt es ein Angebot für drei Tage, das Rafting, Gletscherwandern, Eisklettern und Walbeobachtung beinhaltet (59.000 ISK pro Person). Die Aktivitäten im Winter werden den Wetterverhältnissen angepasst.

- 4 [D4] **Arctic Adventures,** Laugarvegur 11 (im Outdoor-Shop), Tel. 5627000, www.adventures.is

> EXTRAINFO
>
> **Extras bei Tourbuchungen**
>
> Bei Tourbuchung offerieren die meisten Anbieter, dass man **am Hotel bzw. Guesthouse abgeholt** und nach der Tour wieder dorthin zurückgebracht wird. Man braucht sich also keine Sorgen wegen des Transports zu machen. Bei manchen Anbietern ist bei Tagestouren auch ein Lunch im Preis enthalten.
>
> Außerhalb der Hochsaison (Nov. – März) lohnt es sich, nach **Sonderpreisen** zu fragen.

Im Hubschrauber zum Gletscher

Ok, es klingt vielleicht ungewöhnlich, aber es ist ein absolutes Highlight und sicherlich jede Krone wert. Zudem eröffnet es dem Kurzurlauber die Möglichkeit, in relativ kurzer Zeit viel vom Land zu sehen und unvergessliche Fotos von Vulkankratern und Gletschern zu machen. Hinzu kommt die grandiose Erfahrung, in einem Helikopter mitzufliegen. Und wer wollte nicht immer schon einmal eine Schneeballschlacht hoch oben auf ewigem Gletschereis anzetteln?

Die Piloten sind coole Jungs, die eine enorme Portion Erfahrung mit ihren Flugmaschinen besitzen, außerdem sind sie sehr flexibel und **gehen**

auf alle (machbaren) Wünsche der Gäste ein.

Die Spezialität des Chefpiloten Jón ist das Fliegen für Filmaufnahmen und er ist der Hubschrauberpilot nicht nur für James-Bond-Streifen. Die Regisseure in Hollywood und London kennen seine Telefonnummer.

Im Angebot gibt es Touren ab 29.900 ISK. Diese Kurztrips, z. B. eine Runde zum Gebirgszug Esja und wieder zurück nach Reykjavík, dauern etwa 30–40 Minuten. Tagestouren von 5–7 Stunden mit verschiedenen Stopps auf Bergen und Gletschern kosten 319.900 ISK. Alle Touren bieten zahlreiche Möglichkeiten für spektakuläre Fotos und sind sicher ein unvergessliches Abenteuer.

•5 [C8] **Norðurflug,** Inlandsflughafen Reykjavík: Nauthólsvegur 58D, Gebäude 313, Tel. 5622500, www.heli.is

Islandpferde sind das raue isländische Klima gewohnt

Alles Glück der Erde – Reiten auf Islandpferden

Weniger als eine halbe Stunde Autofahrt von Reykjavík entfernt liegt – gegenüber dem Laxness-Museum (s. S. 28) – die **Laxnes Horse Farm,** ein Familienunternehmen und das älteste seiner Art in Island. (Der Literaturnobelpreisträger Halldór Laxness änderte seinen Namen von Guðjónsson in Laxness um, da es diese Farm war, auf der er aufwuchs. Eigensinnig wie er war, passte er die Schreibweise jedoch ein wenig an.) Auf dem Hof herrscht eine gemütliche, entspannte Atmosphäre. Die Touren sind auch **sehr gut für Anfänger geeignet.** Es reiten immer mehrere Begleiter mit, sodass auch Kindern die nötige Aufmerksamkeit während des Ausflugs zuteil wird. Alle Guides sprechen Englisch, einige auch ein wenig Deutsch.

So kann man lediglich einen Ausritt, der circa 2–2,5 Stunden dauert, oder eine **kombinierte Tour mit Golden Circle** (s. S. 27) oder mit einem Besuch der Blue Lagoon 28 buchen. In den beiden letzten Fällen reitet man zuerst aus, bekommt da-

049rj Abb.: as

nach eine hausgemachte Suppe und Brot als Lunch serviert und anschließend geht es mit einem Bus weiter zu den entsprechenden Ausflugszielen. Auch die Laxnes-Crew bietet den Service, Gäste im Hotel abzuholen und nach der Tour wieder zur Unterkunft zurückzubringen.

Für einen einfachen Ausritt zahlt man 11.900 ISK, für Kinder unter 12 Jahre kostet er 8500 ISK, das Paket „Day at the farm" (zwei Reittouren vormittags und nachmittags inkl. mittäglichem Lunch, Dauer: ca. 7 Stunden) kostet 24.400 ISK (Kinder unter 12 J. 17.900 ISK). Die Kombination Reittour mit Golden Circle (Dauer: ca. 9 Std.) 20.900 ISK (Kinder unter 12 Jahre 10.450 ISK), mit Blue Lagoon (Dauer: ca. 6 Std.) 16.900 ISK (Kinder unter 12 Jahre 9500 ISK) zuzüglich Eintrittsgeld für die Blue Lagoon.

•6 **Laxnes Horse Farm,** Laxnesi, Mosfellsbær, Tel. 5666179, www.laxnes.is

Expedition mit voller Montur auf ewigem Eis: Gletscherwanderung mit Arctic Adventures

Tauchen und Schnorcheln zwischen Amerika und Eurasien

Wer einen Tauchschein hat (der PADI Open Water Diver reicht aus), kann das ganze Jahr über bei wetterunabhängig konstanten 2 °C **in einem der Top-5-Tauchgebiete der Welt tauchen** gehen. Die geologischen Platten Amerikas und Eurasiens durchlaufen Island und beim alten Parlamentsplatz Þingvellir 22 kann man in einem Abschnitt der Kontinentalspalte, Silfra genannt, tauchen. Dieser Ort ist einer der wenigen auf der Welt, an dem Taucher Höhenangst (oder besser Tiefenangst) bekommen können, da das Wasser dort so unglaublich klar ist, dass man unter Wasser über 100 m weit sehen kann! Eine Taucherausrüstung mit allem, was dazugehört, wird vom Veranstalter gestellt (im Preis inbegriffen).

Der Eigentümer, Tobias, ist Deutscher und Tauchlehrer (PADI Instructor). Wer möchte, kann während seines Aufenthalts in Island also auch das Tauchen erlernen. Tobias ist bei der weltweit größten Tauchorganisation, PADI, zertifiziert und angeschlossen.

Auch Nicht-Taucher haben die Möglichkeit, diesen besonderen Ort **schnorchelnd** vom Wasser aus zu betrachten. Da das Wasser glasklar ist, verpasst man auch beim Schnorcheln nichts von der grandiosen Aus- und Weitsicht. Auch hierfür sind alle notwendigen Utensilien zum Verleih im Preis inbegriffen.

Dive.is bietet auch mehrtägige Touren oder Touren mit höherem Schwierigkeitsgrad für erfahrene Taucher an. Die Silfra-Tagestour (circa 8 Std.) kostet 43.990 ISK pro Person, die Schnorchel-Tour (circa 4–5 Std.) 19.990 ISK.

S7 [C2] **Dive.is,** Hólmaslóð 2, Tel. 6632858, www.dive.is

EXTRAINFO

Warm anziehen!

Das Wetter in Island kann sich schlagartig ändern, daher sollte man sich für eine Tour im Freien ausreichend präparieren. Auf dem Pferdehof gibt es genügend warme, regenfeste Kleidung und Handschuhe sowie Reiterhelme, die man unentgeltlich leihen kann. Pferde haben ihren eigenen Geruch, den man unter Umständen auch nicht so schnell wieder los wird. Auch deshalb sollte man von dieser Ausleihmöglichkeit Gebrauch machen.

EXTRATIPP

Mit dem gewissen Extra

Die Walbeobachtungstouren von Reykjavík Sailors bieten neben den ganzjährigen Touren auch eine kostenlose Eintrittskarte zur Ausstellung Whales of Iceland (s. S. 48). Im Winter gibt es zur Nordlichtfahrt eine Eintrittskarte zum Aurora Lights Center dazu.

•12 [B3] **Reykjavík Sailors,** Hlésgata Vesturbugt 2, Tel. 5712222, www.reykjaviksailors.is, 3–3½ Std. (Nordlichttour: 1½–2½ Std.), 9900 ISK, 7–15 J. 4950 ISK

Walbeobachtung und Hochseeangeln

Die Wahrscheinlichkeit eines **Rendezvous mit Walen** vor Reykjavíks Küste ist groß, im Winter sichtet man große Wale aber seltener. Zwischen Mai und August ist zudem **Papageitaucher-Saison** (engl. „Puffin"), dann kann man auf den Walbeobachtungstouren, die die Firma Elding anbietet, zudem den Vogel mit dem markanten farbigen Schnabel durch die Luft segeln sehen. Wer wissen möchte, was in den letzten Tagen auf den Touren gesichtet wurde, kann sich im „Whale Watching Diary" (englisch) auf Eldings Website schlau machen.

Von Mai bis August besteht die Möglichkeit, **Hochseeangeln** zu gehen. Zu den meistgefangenen Fischen gehören Kabeljau, Schellfisch, Seelachs und Wels. Hat man einen Heilbutt an der Angel, kann man sich auf ein größeres Gewicht gefasst machen. (Angelausrüstung wird zur Verfügung gestellt.)

Walbeobachtungstouren dauern ca. 2,5 bis 3,5 Stunden und kosten 9900 ISK pro Person, 7 bis 15 Jahre 4950 ISK. Hochseeangeltouren dauern 3 bis 3,5 Stunden und kosten 13.800 ISK, 7 bis 15 Jahre 6900 ISK. Warme Overalls gibts an Bord.

•8 [B3] **Elding,** Ægisgarður 5, Tel. 5195000, www.elding.is, von Reykjavíks Hafen aus im Sommer zwei- bis sechsmal täglich, Nov., Feb. (wetterabhängig) tgl. 9 und 13 Uhr, Dez./Jan. 9 Uhr

Weitere Touren

Tagestouren

•9 [B3] **Iceland Bike,** Ægisgarður 7, Tel. 6948956, www.icelandbike.com. Gemütliche Stadttouren (7500 ISK, ca. 2,5 Std.), Familientouren und Tagestouren (Golden Circle, Westmännerinseln). Räder, Segways und Helme stehen zur Verfügung.

•10 [O5] **Icelandic Excursions,** Hafnarstræti 20, Tel. 5401313, www.grayline.is. Tagestouren mit dem Bus, auch kombiniert mit Outdooraktivitäten.

•11 [C4] **Icelandic Mountain Guides,** www.mountainguides.is, Bankastræti 2 (Buchungsbüro), Tel. 5879999. Das Unternehmen ist spezialisiert auf ein- oder mehrtägige Touren in Island und Grönland (Wandern, Rucksacktouren, Klettern, Eisklettern, Gletschertouren, Cross-Country-Skitouren).

EXTRATIPP

Steuern eines Super-Jeeps

Normalerweise sitzt man bei Super-Jeep-Touren nicht selbst am Steuer, sondern lässt sich auf dem Beifahrersitz oder auf der Rückbank durchschütteln. Wenn man selbst fahren möchte, sollte man vor der Buchung nachfragen. Ausnahme: Bei der U-Drive-Tour von Arctic Adventures (s. S. 38) sitzt man auf jeden Fall selbst am Steuer.

Baden in heißen Quellen

Ein absolutes Highlight eines Islandbesuchs ist das Baden in heißen Quellen – und zwar nicht im örtlichen Schwimmbad, sondern **draußen in der Natur.** Weniger als 30 Autominuten von Reykjavík entfernt liegt bei Hveragerði 26 das „Rauchtal" (Reykjadalur), das zum Geothermalgebiet Hengill gehört. Man kann sich allein in das Gebiet aufmachen und die Natur erobern. Eine Karte erhält man bei der Touristeninfo Hveragerði (s. S. 34). Wegen der erhöhten Besucherzahlen wurden die Wege ins Reykjadalur weiter ausgebaut, weshalb dies keine allzu anspruchsvolle Wanderung mehr ist.

Belohnt wird man mit wunderschöner Natur, dampfenden Tümpeln und Wasserläufen, an denen sich heiße Quellen mit kalten Bergbächen mengen und so natürliche Badestellen erschaffen.

Wer dies beim ersten Mal lieber unter fachkundiger Führung erleben möchte, kann sich bei Icelandic Mountain Guides (s. S. 41) zu einer Höhlen- und Heiße-Quellen-Wanderung anmelden. Die Tour dauert 7 Stunden. Gute wetterfeste Kleidung und Wanderschuhe sind empfehlenswert, ebenso Badehose oder Badeanzug, falls man nicht nur die Füße ins Wasser hängen will. Als Umkleidekabine dient die große, weite Natur.

- •13 [C6] **Reykjavík Excursions,** BSÍ Busterminal, Tel. 5805400, www.re.is. Reykjavík Excursions bietet verschiedene Bustouren, darunter Di./Do./So. die Landmannalaugar- und Saga-Reise (19.900 ISK) entlang einiger historischer Stätten der Wikinger und ihrer Sagen, an. Natürlich hat auch dieser Operator die obligatorische Golden-Circle-Tour im Programm (10.500 ISK, mit deutschen Reiseführern das ganze Jahr über täglich möglich). Zur Blue Lagoon 28 geht es sogar mehrmals täglich (4200 ISK, inklusive Eintrittsgeld 9600 ISK). Abfahrt von Reykjavík und Flughafen Keflavík. (Das Gepäck kann man für 600 ISK pro Stück in Gepäckfächern aufbewahren.)

Walbeobachtung

- •14 [B3] **Hvalalíf,** Ægisgarður 13, Tel. 5608800, www.hvalalif.is. Fahrten auf einem großen, familienfreundlichen Schiff ganzjährig je nach Saison 1- bis 6-mal täglich, Erwachsene 9900 ISK, 7–15 J. 4950 ISK.

Reiten

- •15 **Eldhestar,** Völlum, 810 Hveragerði, Tel. 4804800, www.eldhestar.is, mit Pick-up-Service von der Reykjavíker Unterkunft aus. Halb- und Ganztagestouren, unter anderem eine Elfentour (1,5–2 Stunden, 13.800 ISK, bis 11 J. 11.040 ISK) entlang einiger mutmaßlicher Elfenwohnorte und -kirchen der Gegend. Ein eigenes, umweltfreundliches Hotel (z. T. auch für Rollstuhlfahrer geeignet) ist angegliedert.
- •16 **Ishestar,** Sörlaskeið 26, 220 Hafnarfjörður, www.ishestar.is, Tel. 5557000. Ishestar bietet außer mehrstündigen auch halbstündige Reittouren innerhalb des Geländes für Kinder an (6600 ISK), außerdem mehrtägige Touren durch verschiedene Teile des Landes.

104rj Abb.: as

105rj Abb.: as

Reykjavík für Kunst- und Museumsfreunde

Museen

Reykjavík bietet eine breite **Auswahl an Museen**, unter denen besonders die Ausstellungen zur Geschichte des Landes interessant sind. Normalerweise sind alle Ausstellungen auf Isländisch und Englisch ausgeschildert, nur selten ist es möglich, auch deutsche Broschüren oder Beschreibungen zu bekommen. An Feiertagen (besonders Weihnachten, Silvester, Neujahr) sollte man sich vorab erkundigen, ob das gewünschte Museum geöffnet ist.

❷ [B4] **871±2 Besiedlungsausstellung (Landnámssýningin)**. Mittels Videobildschirmen, Touchscreens und Computeranimationen interessant aufgemachte Ausstellung zur Besiedlung des Landes. Sie befindet sich genau an jener Stelle, an der sich die ersten Siedler zum Ende des 9. Jh. niedergelassen haben (s. S. 12).

M 18 [J5] **Ásmundur Sveinsson Museum (Ásmundarsafn)**, Sigtún, Tel. 4116430, www.artmuseum.is, Mai–Sept. tgl. 10–17 Uhr, Okt.–April tgl. 13–17 Uhr, über 18 J. 1600 ISK, Studenten 1000 ISK. Ásmundur Sveinsson (1893–1982) gehört zu den Pionieren der isländischen Bildhauerkunst. Das Haus mit einer runden Lichtkuppel, in dem das Museum jetzt untergebracht ist, ist den Wünschen des Künstlers entsprechend gestaltet worden. Sveinssons Skulpturen werden sowohl im Haus als auch im Garten ausgestellt. Im Museumsladen sind neben Büchern, Karten und ein paar Souvenirs Abgüsse seiner Skulpturen erhältlich.

M 19 [D5] **Einar Jónsson Museum**, Eiríksgata (gegenüber der Hallgrímskirkja ⓮), Tel. 5513797, www.lej.is, täglich 10–17 Uhr, 1000 ISK, Kinder unter 18 J. Eintritt frei.

Lebensecht dargestellt: wichtige Stationen der Geschichte Islands im Saga Museum (s. S. 47)

Vorseite: Impressionen vom Reykjavík Jazz Festival (s. S. 78)

Der Zugang zum Skulpturengarten ist immer offen und gratis (Zugang über die Freyjugata). Einar Jónsson (1874–1954) war Islands erster Bildhauer. In seinem Werk finden sich folkloristische, mythologische und religiöse Motive, Symbole und Allegorien. Einige seiner Werke sind auch in der Innenstadt zu finden: die Statuen Ingólfur Arnarsons auf dem Hügel Arnarhóll (s. S. 18) und Jón Sigurðssons (s. S. 14). 1909 schenkte Einar Jónsson seine gesamten Werke dem isländischen Volk unter der Bedingung, dass ein Museum gebaut würde, in dem die Sammlung untergebracht werden könnte. Erst 1914 willigte das Parlament ein und Jónsson wählte einen Bauplatz auf einem damals in Einars eigenen Worten „trostlosen Hügel" am Stadtrand. Im unteren Teil der Ausstellung liegt ein historisches Foto in einer Vitrine, auf dem das einsame Haus auf dem Lavahügel zu sehen ist. Heute liegt das Museum mitten in der Innenstadt! Jónsson hat das Haus selbst als Galerie für seine Werke gestaltet, im oberen Stockwerk sind seine noch eingerichteten Wohnräume zu besichtigen.

20 [C3] **Fotografiemuseum Reykjavík**, 6. Stock des Grófarhús (hier auch Stadtbibliothek), Tryggvagata 15, www.ljosmyndasafnreykjavikur.is, Tel. 4116390, Mo.–Do. 10–18, Fr. 11–18, Sa./So. 13–17 Uhr, ab 18 J. 1000 ISK, Studenten 900 ISK, bis 17 J. frei. Das Museum beschäftigt sich mit der Rolle der Fotografie in Kultur, Geschichte und als Kunstform, restauriert Fotos für das Museum und für Kunden und eröffnet dreimal pro Jahr neue Ausstellungen. Außerhalb des Ausstellungsraums steht ein Bildschirm, auf dem wechselnde Fotos Reykjavíker Fotografen des 20. Jh. das sich verändernde Gesicht der Stadt visualisieren. Nimmt man die Treppe statt des Aufzugs, kann man sich zusätzlich die im Treppenhaus aufgehängten Fotos anschauen. Der Museumsladen bietet eine große Auswahl an Büchern über Fotografie und Postkarten mit Reykjavík-Motiven aus dem Archiv, außerdem kann man Abzüge aus dem Archiv erwerben.

20 [S11] **Freiluftmuseum Árbæjarsafn.** Hier können alte, traditionelle und stilgerecht eingerichtete Gebäude besichtigt werden. Im Sommer berichten Mitarbeiter in traditionellen Kostümen über Handwerk und tägliches Leben in Mittelalter und Neuzeit (s. S. 26).

27 **Geothermalkraftwerk Hellisheiði (Hellisheiðarvirkjun).** In dem modernen Kraftwerk (s. S. 34) erfährt man mithilfe von Bildschirmen und Touchscreens sowie anhand eines Kurzfilms sehr viel über die Gewinnung von Geothermalenergie (Erdwärme).

21 [F6] **Jóhannes-Kjarval-Museum (Kjarvalsstaðir)**, Flókagata 24, Tel. 4116420, www.artmuseum.is, tgl. 10–17 Uhr, über 18 J. 600 ISK, Studenten 1000 ISK. Jóhannes S. Kjarval (1885–1972) gehört zu den beliebtesten Landschaftsmalern Islands, denn für Isländer drücken seine Gemälde die Schönheit und Mystik der isländischen Natur aus. Außer der ständigen Kjarval-Ausstellung gibt es ein wechselndes Angebot aus dem Bereich moderne Kunst. Der gut bestückte Museumsladen und das Café mit Aussicht auf einen Park laden zum längeren Verweilen ein.

12 [D4] **Kulturhaus (Safnahúsið).** Das Haus bietet aufschlussreiche Einblicke in die Kulturgeschichte der Nation (s. S. 20).

22 [C3] **Kunstmuseum Reykjavíker Hafenhaus (Listasafn Reykjavíkur Hafnarhús)**, Tryggvagata 17, Tel. 4116400, www.artmuseum.is, tgl. 10–17, Do. bis 22 Uhr, über 18 J. 1600 ISK, Studenten 1000 ISK. Hier werden Ausstellungen zeitgenössischer und experimenteller Kunst aus dem In- und Ausland geboten. Ein Teil der ehemaligen Lagerhalle am Hafen ist dem Künst-

023rj Abb.: as

Der Skulpturgarten von Ásmundursafn (s. S. 44)

EXTRATIPP

1 Karte – 3 Museen

Es gibt gleich zwei Möglichkeiten, mit Kombikarten zu sparen: Die Kunstmuseumseintrittskarte kostet 1600 ISK (Studenten 1000 ISK, unter 18 J. kostenlos) und ist 24 Stunden für die drei Museen Ásmundarsafn (s. S. 44), Hafnarhús (s. S. 45) und Kjarvalsstaðir (s. S. 45) gültig. Die Kombikarte für die Nationalgalerie und die Museen Ásgrímur Jónsson und Sigurjón Ólafsson kostet 1500 ISK und ist zeitlich ungebunden.

ler Erró gewidmet, der dem Museum 1989 eine große Zahl von Kunstwerken und Arbeitsmitteln hinterlassen hat, die in wechselnden Ausstellungen präsentiert werden. Der Museumsladen bietet eine breite Auswahl an Kunstbüchern, außerdem gibt es ein Café.

M 23 [C5] **Nationalgalerie (Listasafn Íslands),** Fríkirkjuvegur 7, Tel. 5159600, www.listasafn.is, 15.5.–15.9. tgl. 10–17, 16.9.–14.5. Di.–So. 11–17 Uhr, ab 18 J. 1500 ISK, zusammen mit der Sammlung Ásgrímur Jónsson (s. S. 47) und dem Sigurjón Ólafsson Museum (s. S. 48) 1500 ISK. Das Museum besitzt die wertvollste Kollektion isländischer Kunst mit Schwerpunkt auf dem 19. und 20. Jh. sowie zahlreiche Werke international bekannter Künstler. Die eigenen Werke sowie Leihgaben anderer Museen und Sammler werden dem Publikum in wechselnden Ausstellungen hier und im Kulturhaus vorgestellt. Der älteste Teil des Gebäudes wurde 1916 als Eishaus *(Íshús)* erbaut. Damals wurde im Winter das Eis in großen Blöcken aus dem anliegenden Teich gesägt und hier aufbewahrt, damit man den Sommer über Fisch und andere Waren haltbar machen konnte. Der Museumsladen bietet Bücher, Karten und isländisches Design, zudem befindet sich ein Café im Komplex.

16 [B5] **Nationalmuseum (Þjóðminjasafn Íslands).** Die umfangreiche und äußerst interessante ständige Ausstellung umfasst etwa 2000 Objekte und 1000 Fotos und gibt ein umfassendes Bild der Entstehungsgeschichte der isländischen Nation von der Wikingerzeit bis heute (s. S. 23).

15 [B6] **Nordisches Haus (Norræna Húsið).** Das Nordische Haus dient dem Kulturaustausch zwischen den Nordischen Ländern. 1968 nach einem Entwurf des berühmten finnischen Architekten

KLEINE PAUSE

Im Matur og Drykkur gibt es traditionelle **isländische Gerichte modern interpretiert.** Zur Mittagszeit bietet das Restaurant im Gebäude des Saga Museums (s. u.) eine reduzierte Karte zu günstigeren Preisen.

› **Matur og Drykkur** €€, Grandargarður 2, Tel. 5718877, www.maturogdrykkur.is, Di.–Sa. 11.30–15 und 18–22 Uhr

Alvar Aalto eröffnet, hat es noch nichts von seiner zeitlosen Schönheit verloren. Hier werden Lesungen, Vorträge, Konzerte und Ausstellungen organisiert (s. S. 22).

24 [B2] **Saga Museum,** Grandagarður 2, www.sagamuseum.is, Tel. 5111517, tgl. 10–18 Uhr, Erwachsene 2100 ISK, Kinder 800 ISK. Mithilfe von lebensechten Wachsfiguren werden Szenen aus dem Leben der Wikinger nachgestellt. Besucher können einen deutschsprachigen Audioguide mit Kommentaren zu den unterschiedlichen Szenen leihen (kostenlos). Im Museumsladen gibt es Schmuck, Spielsachen, Kleidung und Accessoires im Wikingerstil.

25 [C5] **Sammlung Ásgrímur Jónsson,** Bergstaðastræti 74, Tel. 5159625, www.listasafn.is, 15.5.–14.9. Di., Do., So. 14–17, 15.9.–14.5. Sa./So. 14–17 Uhr, Dez./Jan. geschl., ab 18 Jahren 1000 ISK (Kombiticket). Die Nationalgalerie (s. S. 46) verwaltet auch die Werke und Arbeitsräume des Malers Ásgrímur Jónsson (1876–1958), der dem Staat 700 Öl- und Aquarellgemälde sowie über 1000 Zeichnungen hinterließ.

26 [B2] **Schifffahrtsmuseum Víkin (Víkin Sjóminjasafnið í Reykjavík),** Grandagarður 8, www.maritimemuseum.is, Tel. 4116300, tgl. 10–17 Uhr, ab 18 J. 1600 ISK, Museum u. Schiffsführung 2400 ISK. Das Museum ist in einer ehemaligen Fischfabrik untergebracht und gibt einen Einblick in das Leben von Seeleuten und ihren Familien. Die Fischerei ist für Island identitätsstiftend, ermöglichte sie doch über Jahrhunderte hinweg das Überleben auf der Insel. Die Ausstellung wird regelmäßig um interessante Sonderausstellungen ergänzt und bietet neben den isländischen Erklärungen auch englische Erläuterungen. Um 13,

KURZ & KNAPP

Jóhannes Sveinsson Kjarval

Jóhannes Sveinsson Kjarval (1885–1972) ist der vielleicht berühmteste Maler Islands. **Kjarval liebte die isländische Landschaft** mit ihren sich verändernden Farben, das klare Licht und das unbeständige Wetter. Oft gibt es mehrere Bilder von Orten, die er immer wieder besuchte und malte. Neben realistischen Landschaftsdarstellungen werden seine Bilder aber auch von mythischen Figuren belebt. Er fing in seinen Bildern die Schönheit und Mystik der isländischen Natur ein. Seine Darstellungen veränderten die Wahrnehmung seiner Mitbürger auf das eigene Land, was ihn unlösbar mit dem kulturellen Erwachen der isländischen Nation zu Beginn des 20. Jh. verbindet.

Obwohl er auf dem Land aufwuchs, entsprach Kjarval in den Augen vieler dem romantischen Bild des unkonventionellen Künstlers, der in den Tag hinein lebt und seinen Lebensunterhalt durch den Tausch seiner Gemälde finanziert. Vor seinem Tod schenkte der Künstler der Stadt Reykjavík eine große Anzahl seiner Werke, die den Grundstock für die Sammlung des Museums Kjarvalsstaðir bilden. In jüngster Zeit macht Kennern zu schaffen, dass vermehrt **Fälschungen** seiner Werke auftauchen und dass niemand so genau weiß, wie viele Originale im Umlauf sind, da Kjarval selbst viele Werke verschenkt oder getauscht hat.

14 und 15 Uhr kann im Zusammenhang mit einer englischen Führung auch das Schiff Óðinn (63 m lang, 10 m breit, 910 Bruttoregistertonnen) besucht werden. Dieses wurde von 1960 bis 2006 von der Küstenwache eingesetzt und kam in allen drei „Kabeljaukriegen" (s. S. 87) gegen Großbritannien zum Einsatz.

27 [J3] **Sigurjón Ólafsson Museum (Listasafn Sigurjóns Ólafssonar),** Laugarnestangi 70, Tel. 5532906, www.lso.is, Öffnungszeiten unter Vorbehalt: Juni–August Di.–So. 14–17, Sept.–Mai Sa./So. 14–17 Uhr, Dez./Jan. geschlossen, ab 18 J. 1000 ISK (Kombiticket), Buslinie 16 (Richtung Árbær), Haltestelle: Héðinsgata, dann am Wasser entlanggehen, oder Buslinie 12 (Richtung Mjódd), Haltestelle: Laugarnestangi. Das Museum ist eine private Stiftung der Witwe des Künstlers, daher ist das Museum an Feiertagen oder auch manchmal zwischendurch geschlossen. Sigurjón Ólafsson (1908–1982) war ein experimenteller Künstler, der mit sehr unterschiedlichen Materialien (Holz, Metall, Stein) arbeitete und sich in vielen Stilen erprobte, von konkret bis abstrakt. Aus diesem Grund übte er großen Einfluss auf spätere gestaltende Künstler aus. Deutlich wird dies vor der Nationalgalerie illustriert, wo die beiden Skulpturen „Fußballer" und „Der Wikinger" zeigen, wie breit sein Repertoire war. Einige Werke sind hier in seinem ehemaligen Atelier zu finden, das im Juli und August an Dienstagabenden einen besonderen Rahmen für die beliebten Sommerkonzerte bietet (20.30 Uhr). Die Cafeteria mit schönem Meerblick ist auch nach den Konzerten geöffnet.

28 [B3] **The Cinema,** Geirsgata 7b, Tel. 8986628, www.thecinema.is, Winter: 17, 17.30 und 18 Uhr, Sommer: 13–19 Uhr, Erwachsene 1800 ISK, Kurzfilme 1200 ISK, Kombiticket 2400 ISK, Kinder 6–16 J. je 50 %. Im Obergeschoss eines Häuschens im alten Hafen werden Dokumentarfilme zu Natur und Naturphänomenen Islands, die zum Großteil fürs Fernsehen gedreht wurden, gezeigt.

29 [B3] **The Volcano House,** Tryggvagata 11, Tel. 5551900, www.volcanohouse.is, tgl. 9–22 Uhr, Erwachsene 1990 ISK, Kinder 7–14 J. 1000 ISK. Eine kleine Geologieausstellung bildet den Eingangsbereich. Stündlich werden Filmdokumentationen zu Vulkanausbrüchen auf Englisch gezeigt. Mitte Juni bis Mitte Sept. gibt es jeweils um 18 Uhr eine deutsche Vorführung.

30 [C5] **The Volcano Show,** Hellusund 6A, Tel. 8459548, Juli und Aug. Teil 1: 11, 15, 20 Uhr (englisch), 17.30 Uhr (deutsch), Teil 2: jeweils eine Stunde später, Sept.–Juni Teil 1: 20 Uhr (englisch), Teil 2: 21 Uhr (englisch), Erwachsene 1800/2000 ISK (ein Film/beide Filme), Jugendliche (11–16 J.) 1000/1200 ISK, mit Vorbestellung auch Simultanübersetzung möglich. Ósvaldur und Villi Knudsen, zwei passionierte Amateurfilmer, haben Aufnahmen von diversen Vulkanausbrüchen gemacht, die in zwei einstündigen Filmen vorgeführt werden.

31 [B2] **Whales of Iceland,** Fiskislóð 23–25, Tel. 5710077, www.whalesoficeland.is, tägl. 10–17 Uhr, 2900 ISK, 7–15 Jahre 1500 ISK, Familien (2 Erw., 2 Kinder) 5800 ISK. Die Ausstellung zeigt 23 lebensecht aussehende Walmodelle in Originalgröße aus Stahl und Kautschuk. Dadurch kann man erleben, wie man sich fühlt, wenn ein 33-m-Wal neben einem schwimmt. Kleiner Museumsladen.

Doppelt geräuchertes Lammfleisch bei Matur og Drykkur (s. S. 47)

CITYATLAS

076rj Abb.: as

1 cm = 75 m
0
200 m
Austurhöfn
Gamla Höfn
Old Harbour
Mýrargata
Nýlendugata
Vesturgata
Ránargata
Bárugata
Öldugata
Ægisgata
Túngata
Suðurbugt
Norðurstígur
Tryggvagata
Geirsgata
Miðbakki
Austurbakki
Faxagarður
Naustin
Grófin
Flohmarkt Kolaportið
Aðalstræti
Ingólfstorg
Fischersund
Mjóstræti
Hafnarstræti
Austurstræti
Pósthússtræti
Vallarstræti
Austurvöllur
Kirkjustræti
Government House
Bankastræti
Lækjargata
Bernhöftsgruppe
Amtmannsstígur
Gymnasium
Parlament
Dómkirkjan
Skólabrú
Templarasund
Vonarstræti
Rathaus
Iðnó-Theater
Catholic Church
871±2 Besiedlungsausstellung
Garðastræti
Grjótagata
Hólavallagata
Hávallagata
Hólatorg
Kirkjugarðsstígur
Ljósvallagata
Suðurgata
Tjarnargata
Tjörnin
Bókhlöðustígur
Þingholtsstræti
Ingólfsstræti
Spítalastígur
Skálholtsstígur
Laufásvegur
Fríkirkjuvegur
National Art Gallery
Bjargarstígur
Grundarstígur
Bergstaðastræti
Hellusund
Skothúsvegur
Tjarnargata
Bjarkargata
Hringbraut
Sæmundargata
National Museum of Iceland
University of Iceland
Sóleyjargata
Fjólugata
Baldursgata
Bragagata
Njarðargata
in 120 m
Miðb

☐ Liste der Karteinträge Seite 140

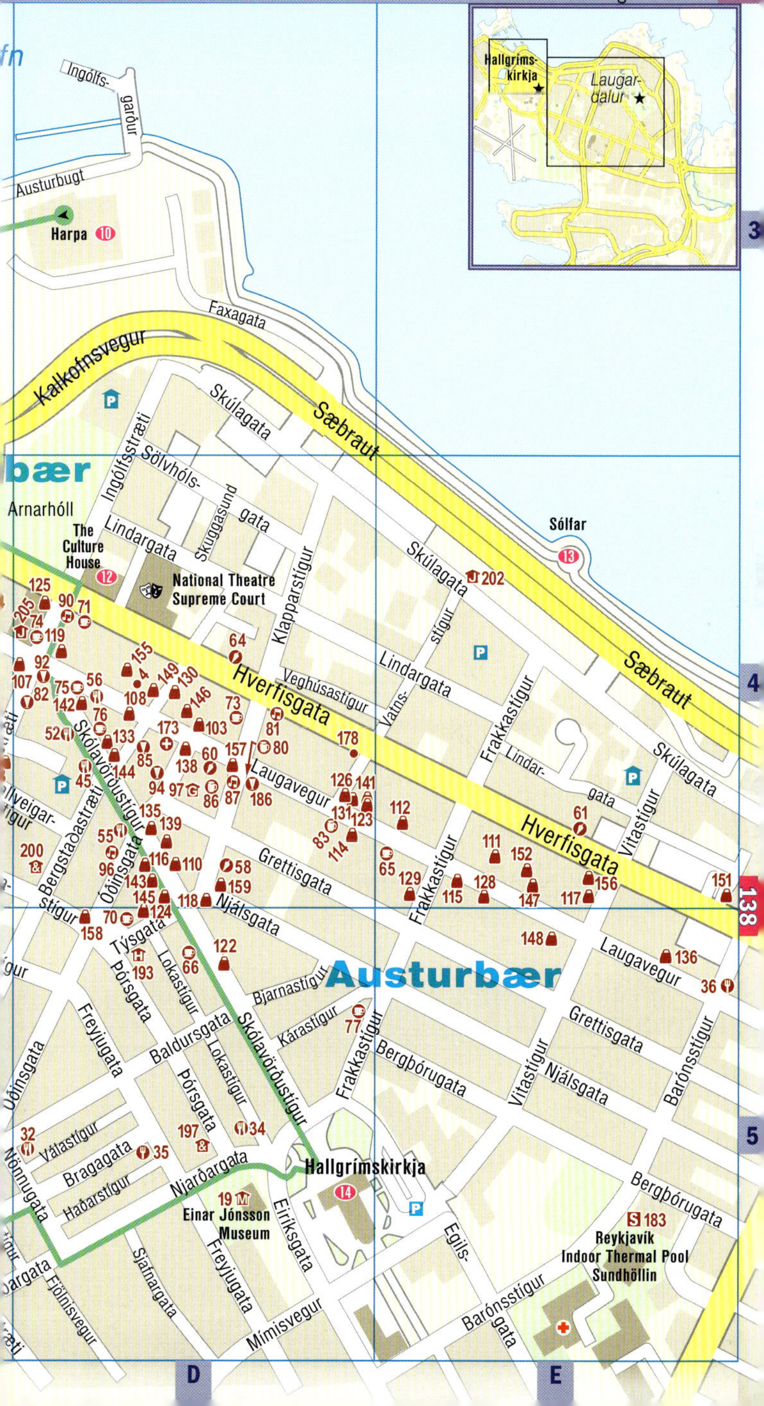

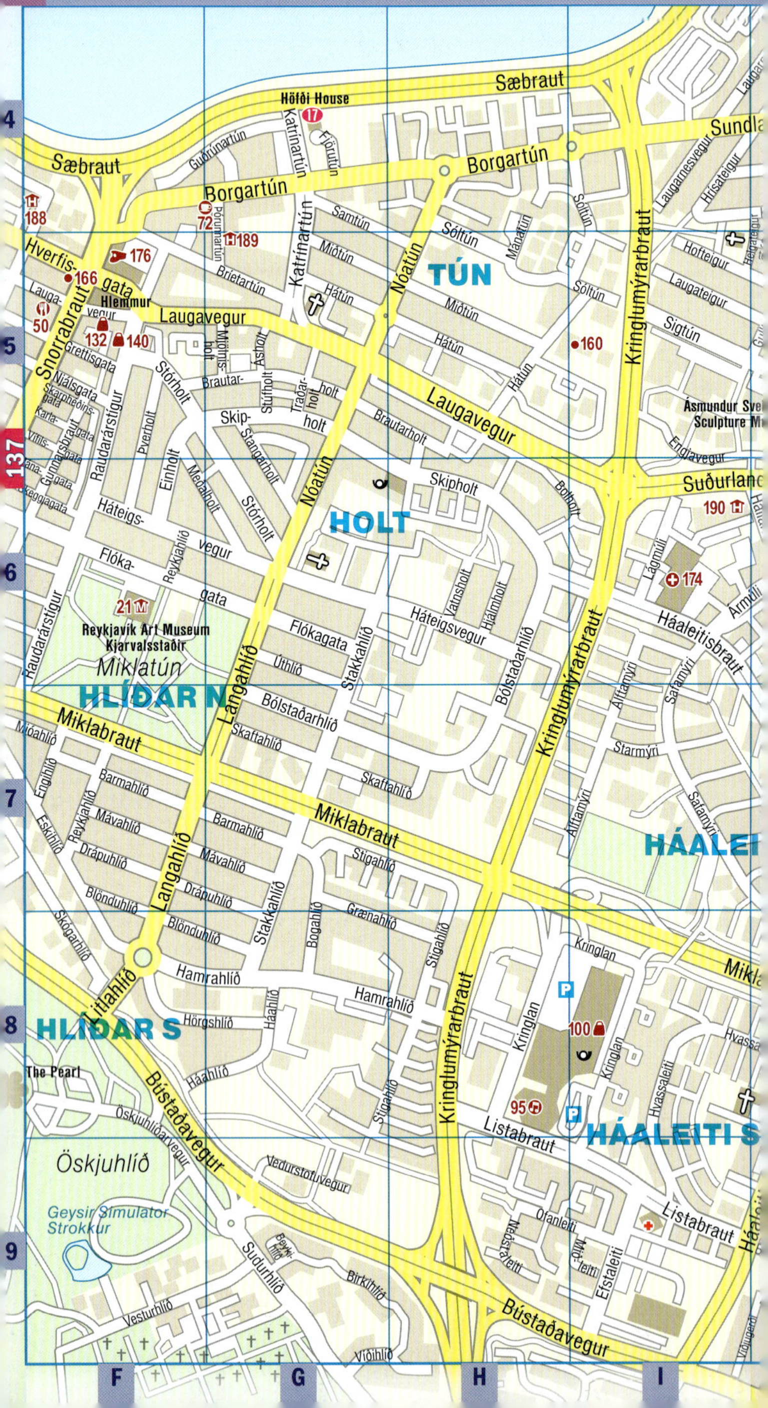
1 cm = 150 m
0
300 m
Sæbraut
Höfði House
17
Borgartún
Guðrúnartún
Katrínartún
Fjörutún
Sundlaugavegur
Laugarnesvegur
Hrísateigur
Sóltún
Samtún
Miðtún
Hátún
Mánatún
Kringlumýrarbraut
Hofteigur
Laugateigur
Sigtún
TÚN
160
188
72
Þórunnartún
189
Hverfisgata
176
166
Brietartún
Hlemmur
Laugavegur
Laugavegur
50
132
140
Snorrabraut
Grettisgata
Njálsgata
Skarphéðinsgata
Karlagata
Vífilsgata
Gunnarsbraut
Mánagata
Bollagata
Skeggjagata
Rauðarárstígur
Þverholt
Einholt
Stórholt
Mjölnisholt
Ásholt
Brautarholt
Stúfholt
Traðarholt
Skipholt
Stangarholt
Meðalholt
Nóatún
Brautarholt
Ásmundur Sveinsson Sculpture Museum
Engjavegur
Suðurlandsbraut
Bolholt
190
HOLT
Háteigsvegur
Flókagata
Reykjahlíð
Lágmúli
174
Ármúli
Vatnsholt
Hjálmholt
Háteigsvegur
Flókagata
Úthlíð
Stakkahlíð
Bólstaðarhlíð
Háaleitisbraut
21
Reykjavík Art Museum Kjarvalsstaðir
Miklatún
Rauðarárstígur
HLÍÐAR N
Langahlíð
Bólstaðarhlíð
Skaftahlíð
Álftamýri
Safamýri
Starmýri
Miklabraut
Mjóahlíð
Engihlíð
Eskihlíð
Barmahlíð
Mávahlíð
Drápuhlíð
Blönduhlíð
Skaftahlíð
Miklabraut
Álftamýri
Safamýri
HÁALEITI
Stigahlíð
Grænahlíð
Bogahlíð
Stakkahlíð
Skógarhlíð
Hamrahlíð
Litlahlíð
Kringlan
Miklabraut
HLÍÐAR S
Hörgshlíð
Háahlíð
100
Hvassaleiti
The Pearl
Búståðavegur
Öskjuhlíðarvegur
Stigahlíð
Kringlumýrarbraut
95
Listabraut
HÁALEITI S
Öskjuhlíð
Veðurstofuvegur
Geysir Simulator Strokkur
Suðurhlíð
Beykihlíð
Birkihlíð
Ofanleiti
Neðstaleiti
Miðleiti
Efstaleiti
Listabraut
Vesturhlíð
Bústaðavegur
Víðihlíð
Viðjugerði
4
5
6
7
8
9
137
F
G
H
I

☐ Liste der Karteinträge Seite 140

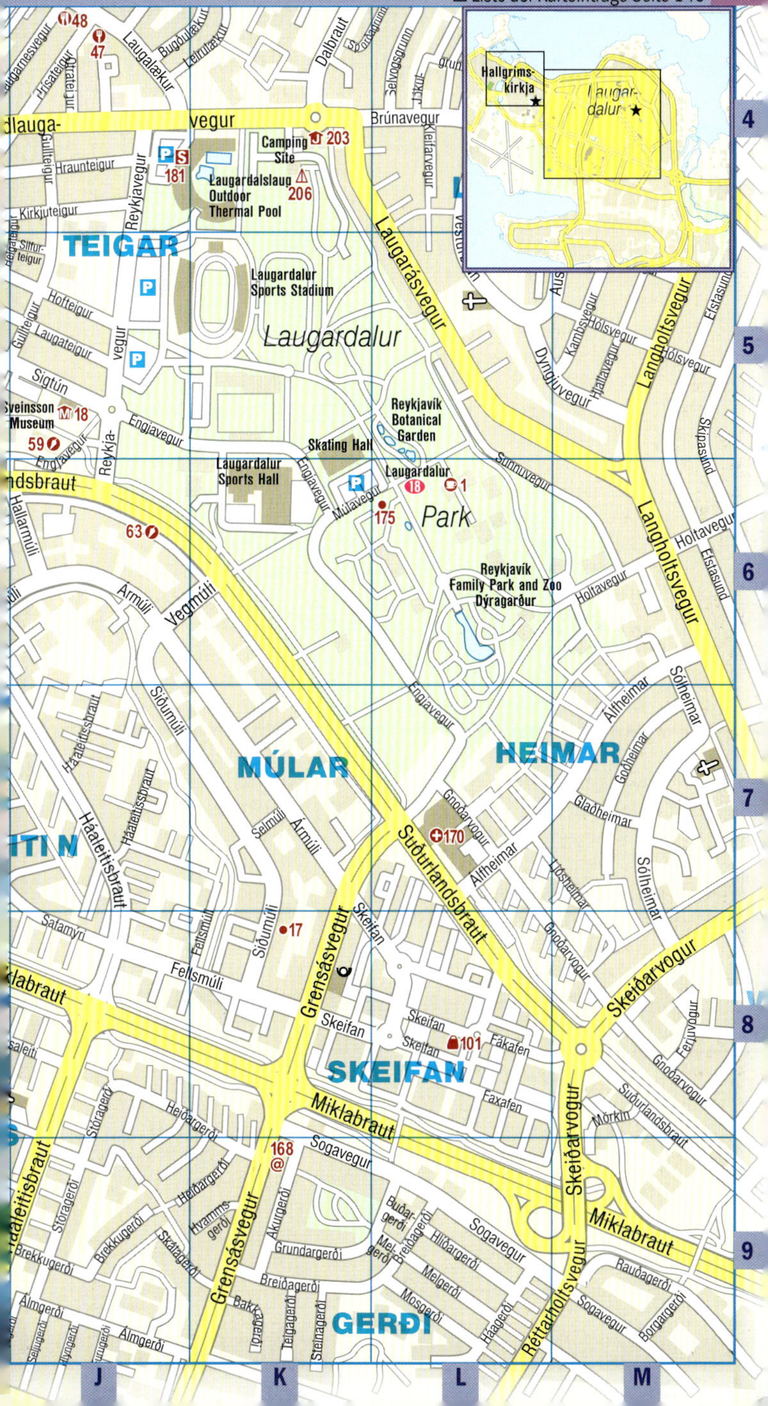

Liste der Karteneinträge

Zeichenerklärung

11	Hauptsehenswürdigkeit, fortlaufend nummeriert
[D4]	Verweis auf Planquadrat
	Arzt, Apotheke, Krankenhaus
	Bar, Bistro, Klub, Treffpunkt
	Bibliothek
	Café, Eiscafé
★	Fähranleger
†	Friedhof
	Galerie
	Geschäft, Kaufhaus, Markt
	Hotel, Unterkunft
	Imbiss, Pizzeria
	Informationsstelle
@	Internetcafé
	Jugendherberge, Hostel
	Kirche
	Kneipe, Pub
	Museum
	Musikszene, Disco
P	Parkplatz
	Pension, Bed and Breakfast
	Polizei, Zoll
	Postamt
	Restaurant
●	Sonstiges
S	Sporteinrichtung
	Theater
	Vegetarisches Restaurant
	Zeltplatz, Camping
	Stadtspaziergang (s. S. 10)

Hier nicht aufgeführte Nummern liegen außerhalb der abgebildeten Karten. Ihre Lage kann aber wie die von allen Ortsmarken im Buch mithilfe der Web-App angezeigt werden (siehe rechts).

Reykjavík mit PC, Smartphone & Co.

QR-Code auf dem Umschlag scannen oder **www.reise-know-how.de/citytrip/reykjavik17** eingeben und die **kostenlose Web-App** aufrufen (Internetverbindung zur Nutzung nötig)!

★**Anzeige der Lage und Satellitenansicht aller** beschriebenen Sehenswürdigkeiten und weiteren Orte
★**Routenführung** vom aktuellen Standort zum gewünschten Ziel
★**Exakter Verlauf** des empfohlenen Stadtspaziergangs
★**Audiotrainer** der wichtigsten Wörter und Redewendungen
★**Updates** nach Redaktionsschluss

GPS-Daten zum Download

Auf der Produktseite dieses Titels unter www.reise-know-how.de stehen die GPS-Daten aller Ortsmarken als KML-Dateien zum Download zur Verfügung.

Stadtplan für mobile Geräte

Um den Stadtplan auf Smartphones und Tablets nutzen zu können, empfehlen wir die App „Avenza Maps" der Firma Avenza™. Der Stadtplan wird aus der App heraus geladen und kann dann mit vielen Zusatzfunktionen genutzt werden.

Die Web-App und der Zugriff auf diese über QR-Codes sind eine freiwillige, kostenlose Zusatzleistung des Verlages. Der Verlag behält sich vor, die Bereitstellung des Angebotes und die Möglichkeit der Nutzung zeitlich und inhaltlich zu beschränken. Der Verlag übernimmt keine Garantie für das Funktionieren der Seiten und keine Haftung für Schäden, die aus dem Gebrauch der Seiten resultieren. Es besteht ferner kein Anspruch auf eine unbefristete Bereitstellung der Seiten.

AKRANES
Ós
Miðhús
Brautar
Höfuðborgarsvæð
Seltjarnarnes
REYKJAVÍK
Álftanes
Skerjafjörður
Garðar
HAFNARFJÖRÐUR
Garðskagi
Garður
andgerði
Hólkot
KEFLAVÍK
Stakksfjörður
Kálfatjörn
Nýlenda
Njarðvík
Vogar
Keflavík International Airport
Almenningur
Strandarheiði
Ósar
Hafnir
Reykjanesfólkva
Trölladyngja
Fagradalsfjall 379
Kleifarva
Suðurnes
Reykjanes
Blue Lagoon
Hafnaberg
Sandvíkur
Grindavík
Krýsuvík
Geitahlíð
Hraunsvík
Krýsuvíkurberg
Hælsvík
Reykjanestá
Víkur
Selvogsgru